"新师说"书系

Wenhua Ronghe Yu Jiazhi Yinling
Gaozhong Sizhengke de Xinlujing Yanjiu

文化融合与价值引领

高中思政课的新路径研究

杨汤颖 著

文汇出版社

自 序

在时代的浪潮中,教育并不是独立存在者,它像一艘承载着文化传承与价值塑造的方舟,既要扎根于历史的深厚基石中,又要驶向未来的广阔海洋。高中思想政治课(以下简称"思政课"),在学生价值观形成的关键时期,正是这艘方舟的掌舵人,它不仅要掌握"我们从哪里来",更要指引"我们将要走向何方"。

二十年前,当我从大学的校园来到中学的校园,面对与我年龄相近的学生,我曾以为教育的本质就是知识的传递,然而,随着岁月的流转、自我的成熟,我逐渐明白:真正的教育,是文化的传授,是价值的共鸣,是让学生在历史的回声中听见未来的声音。

一、课堂上的"活水":文化的生命力在于流动

中华优秀传统文化犹如长河,滋养着中华民族的精神血脉和灵魂。从儒家思想中蕴含的"仁者爱人",到"天下为公"的大同理想;从科学精神中的"格物致知",到充满包容智慧的"和而不同",这些文化瑰宝是历史的遗迹,更是现代中国社会的精神资源。传统文化若只限于课堂和学校的讲授中,便如同即将干涸的河流,难以真正流入学生的心田。思政课的使命,正是将这些文化瑰宝转化为学生能够感知、理解和更愿意践行的价值观。

在教学中,我坚信文化的生命力在于传达与传承。记得在讲解"诚信"这一传统美德时,利用学校的社会实践契机,特意组织学生来到北京同仁堂药店门口品读匾额,提出了"'不敢减''不敢省'的背后说明了什么?"这一问题,这个活动让学生们深刻理解"诚信"不仅是古代的道德准则,更是现代社

会中不可或缺的品质。"文化因赓续而繁荣",课堂不过是这场赓续中的某个节点。

这种教学理念贯穿整本书的构思。从第一章对中华优秀传统文化的内涵剖析,到第五章中华优秀传统文化融入的支撑体系,我试图搭建一个从内涵到支撑的教育闭环。例如在探讨"民本思想"时,书中不仅追溯"众为邦本"的历史渊源,还结合现代社会的"以人民为中心"发展理念,引导学生思考传统文化在当代的现实意义。

二、价值引领的"灯标":在迷雾中寻找方向

新时代的青年,面对多元文化的冲击和社会价值观的多样化,常常会受人蛊惑,迷失方向,这就需要一盏清晰而坚定的灯标。思政课的意义就在于,通过文化与价值的深度融合,帮助学生在传统与现代之间找到平衡点。

在一次关于"天下为公"的讨论中,我播放了一段关于中国工程师在非洲援建铁路、学校的片段。同学们很有感触,一个学生轻声说:"原来'天下为公'不是纸上的口号,而是实实在在的行动。"那一刻,我意识到:价值引领不是告诉学生"应该怎么做",而是让他们在真实的情境中看见"为什么这么做"。

这种理念在书中得到进一步的体现。例如在"大思政课"的章节中,我详细阐述了如何通过社会实践将课堂知识转化为学生的价值坐标。在贵州皮纸的案例中,学生们通过实验数据和科学分析,深入了解皮纸的性能特点,同时探讨其文化价值。这种跨学科的融合,不仅让学生理解了传统文化的科学内涵,也让他们在现代社会中找到了文化的应用场景。

三、教育的闭环:从传承到创造

教育不是复制过去,而是创造未来。在完成本书的过程中,我常常想起那些在课堂上闪光的瞬间,如学生前往 3D 打印博物馆观看兵马俑时的专注神情,他们在模拟联合国辩论中用"和合"理念化解争端时的自信笑容,他们在辩论"人工智能是否需要道德约束"时引用"慎独"的深刻见解等。

这些瞬间让我相信：真正的教育，是让学生在中华优秀传统文化的根系中找到创造的勇气。正如书中所言，"中华优秀传统文化的价值，不在于它是过去的遗产，而在于它是未来的资源"。当学生能在人工智能时代用"仁爱"审视算法伦理，在全球化浪潮中用"和合"构建人类命运共同体时，我们便完成了从文化传承到价值创造的闭环。

这种闭环的构建，贯穿了整本书的写作思路。从大中小学思政一体化的纵向贯通，到跨学科学习的深度融合，再到融入支撑体系建设，我试图探索一条让文化"活"起来的路径。例如在"跨学科学习"章节中，我通过"物华号百子大礼轿"的案例，展示了如何将历史、艺术、数学等多学科知识融入思政课，帮助学生从多角度理解传统文化的内涵与价值。

四、二十年回望：教育是文明的航程

二十多年的教育生涯，让我越发确信：教育远不是一场短途的旅程，而是一场漫长的航程。它运用历史作为起点，以未来作为终点；它的航线中充满着文化，它的动力是价值观的引领。

在写下这些文字时，我的脑海中浮现无数张稚气的脸庞。他们曾在课堂上与我争论"仁义礼智信"的现代意义，曾在调研中为"非遗传承"提出创新方案，曾在毕业多年后告诉我："老师，您的课让我完全能应对大学的课程，学会如何在复杂的世界中找到自己的方向。"

这些话语让我深刻体会到，教育的意义不仅在于知识的传递，更在于价值观的塑造。正如我在书中反复强调的："文化融合与价值引领"不是抽象的教育口号，而是学生内心深处的真实需求。

五、序言的终章：文明的灯标

当我在清晨或深夜整理书稿时，窗外的晨曦与月光洒在桌上，映出《论语集注》中的一句话："讲学以会友，则道益明；取善以辅仁，则德日进。"这句话让我想起那些在课堂上与学生共同探讨的时光，想起那些在调研中与同人切磋的瞬间。教育，何尝不是一场以文化为纽带的相遇。

本书的完成，是我对过去教育生涯的一次反思，更是对未来的一种期许。我希望通过文化融合与价值引领的双重路径，帮助学生在传统文化与

现代文明之间架起桥梁;我希望通过跨学科学习与社会实践的创新实践,让学生在中华优秀传统文化的世界中找到自身的坐标点;我希望通过本书,与更多教育同人共同探讨,如何让中华优秀传统文化成为学生心中的信念,成为他们生活中的行动指南。

  教育的意义,或许就在于此——让学生在中华优秀传统文化的河流中找到自己的支流,在价值的星空下点亮自己的星辰,而我愿继续做那掌舵的人,用文化为帆,以价值为桨,载着学生们驶向那片古老又年轻的文明海洋。

杨汤颖

2025 年 2 月

目　录

绪　论

一、研究背景

每一个国家、每一个民族的存在和发展都植根于本国家、本民族文化的发展与传承。

中华文化是中华民族在历史长河中发展壮大的精神积淀，是中华民族永续发展的思想文脉。中华文化承载着中华民族由出现到生长、由生长到繁盛、由繁盛到衰败、由衰败到复兴，不懈进步的印记，为未来的中华民族伟大复兴提供了宝贵的精神动力和实践指引。

中华优秀传统文化在中华民族发展的历程中积厚流光，形成独具民族特色的思想、信念、特质和神韵。中华优秀传统文化是中华儿女内心深处的道德之源、情感之基，中华优秀传统文化是中华民族何以自信、为何自信的力量之根。鸦片战争以来，中华民族在步履蹒跚中前行，从内外交困中找到了救亡图存的复兴之路，一路前行，在关于中华文化"弃"与"留"的讨论与慎思一次又一次的推进中接续至今。随着中国改革开放的程度向纵深发展，互联网的飞速发展，让世界各国人民的生活方式在依赖网络的同时，信息交流之快、文化交融之深也是以往时期前所未有的，由此产生的诸多价值观冲突、思想观念的巨大变化，对未成年人思想道德建设提出了新挑战和新要求。面对高中阶段的未成年人如何发挥中华优秀传统文化的育人作用，使其在文化交融中更加坚定理想信念，更具有中国魂、民族心，更具文化自信的底气和勇气，这是时代给予未成年人思想道德建设的新课题、新要求。

（一）对党和国家高度重视中华优秀传统文化传承与发展的有效回应

习近平指出，中华优秀传统文化是中华民族的精神命脉，是涵养社会主义核心价值观的重要源泉，也是我们在世界文化激荡中站稳脚跟的坚实根基。要结合新的时代条件传承和弘扬中华优秀传统文化，传承和弘扬中华美学精神。[1] 中国共产党在百年奋斗的历程中，始终带领着中国人民在革命、建设和改革中进行矢志不渝的实践奋斗，同时也带领着中国人民肩负着

---

1 习近平. 在北京主持召开文艺工作座谈会并发表重要讲话[N]. 人民日报，2014-10-15(2).

传承和弘扬中华优秀传统文化的重任。党的十一届三中全会以来,随着中国经济趋向更好、趋向富强的发展,对文化事业发展的认识也不断深入,文化建设也更加自信、从容地聚焦到关键问题上来。党的十七大提出,要"弘扬中华文化,建设中华民族共有精神家园"。党的十七届六中全会提出"建设社会主义文化强国"的奋斗目标。2017 年 1 月,中共中央办公厅、国务院办公厅颁布《关于实施中华优秀传统文化传承发展工程的意见》,第一次用政策文件规范了中华优秀传统文化传承的具体工作方针。2024 年国家发展改革委颁布《文化保护传承利用工程实施方案》,以保护优秀传统文化和自然遗产为目的,彰显中华优秀传统文化的时代价值。2025 年国务院办公厅颁布《关于推动文化高质量发展的若干经济政策》[1],从诸多方面规定了深化文化体制改革的具体要求,从而推动文化高质量发展。中华优秀传统文化是中国特色社会主义文化发展的精神命脉,在新时代促进中华优秀传统文化创造性转化和创新性发展,赋予中华优秀传统文化新的生命力和时代感,对于提升文化自觉、坚定文化自信、建设文化强国、实现中华民族的伟大复兴有着重要的意义。

（二）对中华优秀传统文化时代价值新思考

中华优秀传统文化是中华民族赖以生存的精神瑰宝,是中国精神的核心密码,中华优秀传统文化中形成的思想和道德品质深深植根于中华民族儿女的心中,并凝结成中国人家国同构的家国情怀,锤炼了锲而不舍、刚毅不屈的精神品质,造就了睿哲明理的辩证思维品质,形成了仁爱孝悌、忠诚守信的传统美德。正如韦伯曾经说过:"任何一项伟大事业的背后都存在着一种支撑着这一事业成败的无形的文化精神。"[2]穿越时光的轻温与沉静,中华优秀传统文化作为精神支撑,在实现中华民族伟大复兴的中国梦的征程中从未中断过,多少仁人志士用豪情万丈的诗句抒发收复失地、重塑山河的壮志情怀。回首过去,如何承续历史精华,接续民族文化的血脉之光;凝

1　国务院办公厅印发《关于推动文化高质量发展的若干经济政策》的通知[EB/OL]. (2025 - 01 - 20). http://www.gov.cn/zhengce/zhengceku/202501/content_7000959.htm.

2　马斯克·韦伯.新教伦理与资本主义精神[M].马奇炎、陈婧,译.北京:北京大学出版社,2012.

望未来,在新发展、新要求的当下,挖掘发展中华优秀传统文化,赋能传统文化新的创造力与感染力,发挥立德铸魂的文化引领作用,以开放的心态展示中国文化,以交流的方式呈现中国思考,以平等的态度阐释文化差异,为中国文化开辟更广阔的世界舞台,也为其他国家的文化发展提供"中国态度"和"中国视角",以中国之力推动世界文化的繁荣与发展。

(三) 对高中思想政治课实现立德树人根本任务的使命担当

文化融合首先需要价值引领。高中思想政治课既是一门富含文化、讲述文化的课程,也是价值引领课程。除了中国特色社会主义文化(即中华优秀传统文化、革命文化、社会主义先进文化),高中思政课以树立法治观念与培养法律意识为目的,讲述中国特色法治文化;以马克思主义哲学的基本原理为蓝本,学习辩证唯物主义和历史唯物主义世界观和方法论,并讲述哲学文化的课程。高中思政课是典型的意识形态课程,该课程围绕马克思主义理论教育和中国特色社会主义理论体系,培养政治认同、社会主义合格的接班人的重要课程,因此,高中思政课是有效落实教育三问的关键性课程。现今多元文化的融合碰撞,对思政课的育人工作带来了很大的挑战,提出了全新的要求。要帮助学生有一颗中国心,永葆中国情,需要回归到浩瀚无垠、连绵不绝的中华历史长河中,以古鉴今、启迪心智、润泽心灵、筑梦前行,用中华文明滋养人,用中华智慧去助推中国式现代化的建设和发展。

(四) 对中华优秀传统文化融入高中思政课教学的兴趣使然

高中思政课是一门育人、立人,为国家培养社会主义合格接班人的课程。高中阶段的学生正处于身体发展和思想趋于成熟的关键时期,也是树立正确的价值观、初步构建信仰体系的最佳窗口期。教师需要在传授学科知识之前,为学生搭建信仰确立的情感通道,构筑信仰教育的理论逻辑和谱写信仰教育的底色,才能让课程中他人的理想信念成为学生心中追求的理想信念,因此,把思政课内容讲"深"、讲"活"、讲"透"尤为重要。中华优秀传统文化内涵丰富、气象万千,在悠悠岁月中,汇聚着中华民族点点滴滴的兴衰与成败,具有浓厚的历史积淀与富厚的学养,应该成为高中思想政治课重要的教学内容。其能推动高中思政课教学的内涵式发展,增强高中思政课育人的接受度、感染度、引领度。写好中华优秀传统文化与高中思政课有效融合的大文章，绘制育人新境界，是确立本主题研究的宗旨。

二、研究的意义

中华优秀传统文化的价值，不在于它是过去的遗产，而在于它是未来的资源。高中思想政治课通过系统化的教学，帮助学生在思想、知识和行为等方面形成社会发展和个人成长需要的综合素质。作为即将步入高等教育的青年一代，作为国家振兴人才后备军、民族复兴的生力军，需要用科学的理论武装头脑，用正确的价值观引领成长。因此，在高中阶段帮助高中生较为深刻地理解国家和民族的昨天、今天和明天显得尤为重要。中华优秀传统文化承载着中华民族发展脉络，是中华各民族同根同生的精神纽带，也是马克思主义中国化的最佳融合点，是中国式现代化建设的理论根基。研究中华优秀传统文化融入高中思政课，形成思政课教学新路径，既是高中思想政治教育新突破，也增强了高中思政课教学的时效性，为培养社会主义事业合格的接班人注入新动力。本书立足新时代，对中华优秀传统文化的战略定位以及国家对高中思政课建设的整体要求开展一定的研究。

（一）立足新要求，清晰"融入"的理论依据

"融入"是中华优秀传统文化与高中思政课建立研究的关键点，落实立德树人根本任务的落脚点，因此应立足新时代对于思政课提出的新要求，结合新时代对于中华优秀传统文化提出的新的战略要求，开展适合高中思政课堂发展的理论研究。一方面，从以文化人、以文育人的角度出发，梳理研究中华优秀传统文化的基本概念、具体内容、思想精华、鲜明特点等内容，有助于从系统的角度把握中华优秀传统文化的整体体系，提升对于中华优秀传统文化全面、理性的认识，促进中华优秀传统文化更好地被"融入"高中思政课中，为中华优秀传统文化永续发展，打下良好的思想基础；另一方面，高中思政课堂是中华优秀传统文化得以发展的教育场域，研究高中思想政治教育与中华优秀传统文化的内在耦合，分析中华优秀传统文化"融入"的必要性和可操作性，为分析"融入"的现状，以及优化融入的路径提供坚实的理论基础。

（二）立足思政课堂，构建"融入"的实践路径

龚自珍在《古史钩沉论二》中说到"欲知大道，必先为史"。将中华优秀传统文化所蕴含的思想精髓和历史典故运用于思想政治课教学中，具有深远的实践意义。一方面，中华优秀传统文化能丰厚高中阶段学生的学养，促进高中生更加成熟、全面、详细地分析问题和解答问题，引导其树立科学的世界观、人生观和正确的价值观，认清现阶段西方诋毁中国发展、历史进步的谎言；另一方面，中华优秀传统文化的"融入"为高中思政课教学注入了更多的文化底蕴，丰富了思政课堂的内容，激发了课堂教学的感染力和新的成长力，为新时代的青年在成长的轨迹中创造性转化和创新性发展中华优秀传统文化埋下了情感的种子。因此，本书结合双新背景下对高中思想政治课的基本要求，积极探索中华优秀传统文化"融入"的新路径、新方法，为高中思政课教学，特别是有关中华优秀传统文化的教学，提供一定的经验和可供借鉴的素材。

（三）聚焦教师成长，提升教学能力

"教师的真正成长在于个人的内心觉醒。"[1]内心的成长是教师发展的原动力，从大千世界中寻找高中思政课教育的素材，是思政教师自觉的行为，也是自我专业成长的重要抓手。中华优秀传统文化是一门聚焦文化的学问，也是一门综合类课程，需要高中思政教师潜心研究其精髓，研学"双新"背景下的教学教法，其对教师的专业素养和科研能力要求较高。高中思政课还需要从高中学生对于中华优秀传统文化的认知原点出发，找到适合高中阶段学生学习的"融入"方法和形式，对教师教育观念的更新、教学水平的提升、自身专业成长的实现和进阶式发展有很重要的引领作用。

三、研究综述

中华优秀传统文化的传承与发展随着中国综合国力、国际影响力的提升而纳入了国家战略和部署之中。根据中文数据库知网（CNKI）显示：对

1　王荣华.从草根教师到人民教育家——于漪传[M].上海：学林出版社,2023.

于中华优秀传统文化的研究最先主要在大学中进行,随后在中小学段围绕"创新性发展""创造性转化""社会主义核心价值观"主题展开。(见图1)

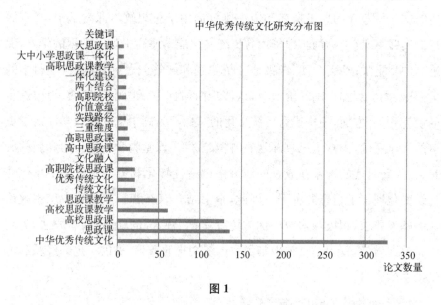

图1

在党和国家将思想政治课教育提到前所未有高度的背景下,很多专家、学者开始将中华优秀传统文化与思政课进行有效的融合。根据中文数据库知网(CNKI)显示,截止到2024年12月31日相关学术期刊发表论文279篇,还有硕士学位论文20篇,会议交流论文7篇,报纸文章10篇。从2000—2024年有关中华优秀传统文化与思政课融合研究的论文数量变化如下(见图2):

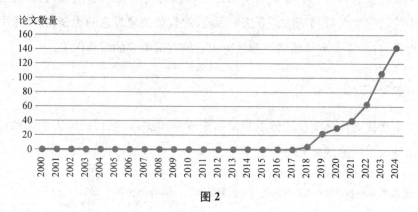

图2

从知网数据和作图分布不难看出：中华优秀传统文化与思政课的研究以论文形式作为成果呈现的较多，近五年来研究数量呈现较大幅度的增长，而国内外的研究现状如下。

（一）国内研究现状

中华优秀传统文化是中华民族的精神瑰宝，新时代、新起点上要对中华优秀传统文化实现双创性的传承与发展，首先要探究中华优秀传统文化中蕴含的哲学思想，以及其中蕴含的丰富价值和具有丰富东方韵味的伦理规范。站在现阶段国家对思想政治课提出的新要求，中华优秀传统文化如何有效、有序、有为地融入高中思想政治教学备受一线高中思政教师的关注。

1. 对于中华优秀传统文化核心思想的研究

关于中华优秀传统文化的核心思想学者研究得较为广泛。最早，张岂之教授在《中华优秀传统文化核心理念读本》（2012 年）中系统阐述了中华优秀传统文化的核心思想，他认为：“天人之学是天人和谐的探索精神，道法自然是顺应自然的辩证法则，居安思危是安不忘危的忧患意识，自强不息是奋斗精神，诚实守信是进德修业的立身之本，厚德载物是做人做事的根本原则，以民为本是中国古代政治思想精华的体现，仁者爱人是超越自我的大爱精神，和而不同是博采众长的会通精神，天下大同是指向未来的理想之光。”[1] 他在之前的《张岂之谈中华优秀传统文化》（2012 年）中分析了中华文化的源头，他认为：“中华文化起源于远古时期，最早的文化形态可以追溯到新石器时代，最后夏、商、周分别完成了中华文化的初步发展、祭祀文化、奠定了中国传统文化的基本框架。春秋战国时期的儒家、道家、墨家、法家等思想流派为中国的哲学、伦理、政治等思想体系奠定了基础。”[2] 也有部分学者将中华优秀传统文化核心思想聚焦在“天人合一”的核心价值观中。《中国文化十二讲》（2012 年）中钱穆认为：“性道合一”是中国文化的中心思想和主要特质。[3] 陆卫明、李红认为人文主义是中华优秀传统文化的核心价

1　张岂之. 中华优秀传统文化核心理念读本［M］. 北京：学习出版社，2012.
2　张岂之. 张岂之谈中华优秀传统文化［M］. 北京：太白文艺出版社，2012.
3　钱穆. 中国文化十二讲［M］. 北京：九州出版社，2012.

值,以人为本、崇德重义、持中贵和、实践理性等。[1] 学者们对于中华优秀传统文化的核心思想的研究有不同的角度,但都是站在历史发展的长河中,围绕着"人""物""事"三者之间的关系开展的。当代学者在研究中华优秀传统文化的核心思想时,都十分注重核心思想的当代价值与时代贡献,凸显时代性、实效性、创新性的特征。

2. 关于中华优秀传统文化融入思政课的研究

中华优秀传统文化承载着中华民族过往的智慧与成果,其蕴含的思想精华伴随着时代的发展而发展,随着人民对美好生活的向往日益深化,这种精神追求不仅推动着社会文明的进步,更为解决时代问题提供了有效的指引。

从融入的意义和价值上看,学者们是从国家、社会和个人层面阐发中华优秀传统文化与思政课相结合的意义的。有学者从国家层面夯实文化根基的角度分析,例如曲青山在《关于文化自信的几个问题》中写道:"文化自信是实现中华民族伟大复兴的精神动力,是培育和践行社会主义核心价值观的稳固基石,是社会主义文化大发展大繁荣的必然要求,是应对意识形态领域斗争的有力武器。"[2] 刘宗灵、何雨婷认为:"中华优秀传统文化中的治国理政智慧为国家治理现代化提供有益借鉴。"[3] 赵朝峰、杨朔认为:"通过创造性转化和创新性发展,中华优秀传统文化能够在全球范围内提升影响力,增强国家的文化软实力。"[4] 从社会层面来看,高文珺指出:"社会层面的文化需要则是人们对自身文化的社会功能的期待,这种社会层面需要的满足既能增强人们对文化的认同感,还能增强人们对文化未来发展的信心,提升其文化自信。"[5] 彭伟、曹雨平认为:"中华优秀传统文化蕴含丰富的人文精神,对于现代社会依然具有重要的指导意义。学习传统文化,能够培养人们

1 陆卫明,李红.中国文化精神与现代社会[M].北京:中国社会科学出版社,2017.
2 曲青山.关于文化自信的几个问题[J].政策,2016(11):8-11.
3 刘宗灵,何雨婷.中华优秀传统文化传承现状与未来发展路径研究——基于习近平文化思想展开[J].电子科技大学学报(社科版),2024,26(4):1-11.
4 赵朝峰,杨朔.论习近平文化思想的民族性特征[J].党的文献,2024(4):89-97.
5 高文珺.社会心理学视域下文化需要满足与文化自信提升研究[J].社会科学期刊,2024(1):107-114,240.

的道德品质,提升社会整体的文化素养。"[1]从个人层面看,王易认为:"中华优秀传统文化强调'修身、齐家、治国、平天下',将个人的道德修养与社会价值紧密相连。通过修身养性,个人不仅能够提升自身的道德品质,还能够在社会中发挥更大的作用。"[2]刘玮玮将中华优秀传统文化与社会主义核心价值观相互联系,他认为:"中华优秀传统文化作为涵养社会主义核心价值观的重要源泉,使其与社会主义核心价值观相融通,能够引导人们的价值取向、价值选择,为推动实现精神生活共同富裕提供了价值导向。"[3]

从融入的途径上看,思想政治课与中华优秀传统文化都具有育人的功能。不同学段的思政教师根据学情与生情的差异性,采用不同形式将两者进行有机融合。从资源融入的角度:一是采用引用的方法,即在思政课堂上引用国学经典名句或富含中华优秀传统文化思想内涵的事物情境;二是采用深入分析法,运用一定教学手段分析富含中华优秀传统文化思想的"物"本身,加深对中华优秀传统文化价值的认识;三是深入研究中华优秀传统文化蕴含的思想和精神。唐明燕编著的《思政课教学的中华优秀传统文化资源及应用》是较早以教学需求为导向,挖掘中华优秀传统文化中的思想资源,应用于高等教育的思政理论课堂中的书籍。

从融入的原则上看,专家、学者都认为中华优秀传统文化融入思政课需要遵循一定的原则。一是坚持马克思主义指导原则。正确处理马克思主义与中华优秀传统文化的关系。王易在《深化中华优秀传统文化中的思想政治教育资源研究》一文中指出:"坚持历史唯物主义和辩证唯物主义的立场、观点和方法,既充分挖掘传统文化中的积极因素,又要避免盲目复古,确保传统文化与马克思主义理论有机结合。"[4]二是坚持主体性原则。王增福认

1　彭伟,曹雨平. 中华优秀传统文化在现代社会的传承与创新研究[J]. 常州工学院学报,2024,42(3):73-77.
2　王易. 深化中华优秀传统文化中的思想政治教育资源研究[J]. 高校马克思主义理论教育研究,2020(1):131-140.
3　刘玮玮. 中华优秀传统文化促进精神生活共同富裕的理论逻辑与优化路径[J]. 社会主义核心价值观研究,2023(6):24-35.
4　王易. 深化中华优秀传统文化中的思想政治教育资源研究[J]. 高校马克思主义理论教育研究,2020(1):131-140.

为:"遵循学生认知规律和教育教学规律,一体化、分学段、厘清中华优秀传统文化与思政课的内在关联,优化教学内容和方法。"[1]三是坚持系统性原则。于超、于建福认为:"将中华优秀传统文化融入思政课教材体系,要在教材中增加鲜活事例,在纵向上增加历史知识,在横向上增加本民族知识,要建构起一套既有纵向深度又有横向广度的思政课知识体系。"[2]

从中华优秀传统文化与思想政治理论教育的视角出发,深层挖掘中华优秀传统文化中的育人价值。顾友仁的《中国传统文化与思想政治教育的创新》(2011年)是较早致力于发挥文化"化人"功效的书籍。将传统文化的资源纳入我国思想政治教育体系中,成为我国新时期思想政治教育工作的创新之处。杨昌洪的《中国古代教育家思想解读》(2009年)从历史发展的序列出发分析了春秋战国、两汉时期、隋唐时期、两宋时期、明清时期教育思想。[3]

(二)国外研究现状

1. 西方国家对中华传统文化的判断

15世纪初,在大航海活动的背景下,欧洲首先开始了与世界的联通,也同时开启了对中国的研究。大量西方传教士、商人和外交官对中国的社会、文化、宗教等方面的观察与记录,成为西方早期研究中国社会和文化的重要资料。西方国家对中国传统文化的判断主要还是呈现积极的一面。

一些西方学者为中华文化的悠久历史和深厚的文化底蕴所折服。伯特兰·罗素对中国文化的优秀品质给予了充分的肯定。他认为"中和"思想是中国人解决争端、倾向平等公平的宝贵精神品质,也有助于社会的和谐与和平。同时,他认为中华民族是具有忍耐力的民族,有一种强大的内在力量。美国史密斯学院教授丹尼尔·K.加德纳在其著作《儒家思想》一书中指出:"儒家思想不仅是一种哲学理念,更是一种实践智慧,关乎每个人的日常生

---

1 王增福.中华优秀传统文化融入思想政治教育的实践路径[J].教学与研究,2024(6):37-46.

2 于超,于建福.中华优秀传统文化融入高校思政课的价值与路径[J].中国高等教育,2020(Z3)42,47-48.

3 杨昌洪.中国古代教育家思想解读[M].长春:吉林大学出版社,2009.

活与社会的整体发展。"[1]西方许多学者在研究中国文化时都提到了中国文化的独特性。英国历史学家阿诺德·汤因比在其著作《历史研究》中指出："中国文明在数千年的历史中经历了多次危机,但始终能够自我修复并延续下来。这种独特的连续性使得中国文化在全球文明中独树一帜。"[2]

2. 国外对我国思政课教学内容的研究

改革开放以来,随着中国国力的日益强盛,在国际社会话语权的日渐加强,外国研究中国教育,研究中国思想政治教育的学者也逐渐增多。外国学者对中国思想政治教育的课程体系、教学目标、教学内容的创设都有一定的研究,更多的学者会关注我国如何通过爱国主义教育培养学生正确的价值观和如何增强其社会责任感。西方学者观点认为:"这是一场由中国政府发起的全社会范围的宣传教育运动,教育对象以新一代青少年为主,手段途径多样,效果较为明显。"[3]有部分学者认为:"中国的思想政治教育更多的是政府层面对于某种思想的倾销,是马克思主义思想政治教育与西方德育之间的本质分歧。"[4]但从另一种角度思考不难看出,这种国外具有偏颇的论述对我国思想政治教育也具有反向的促进作用,倒逼我国思想政治教师在拓宽视野、反思自我中不断丰富教育形式,在提升育人效果上下功夫,能在国际舞台充分交流中寻求更多的共识。

综合以上的研究分析,近年来学者对于中华优秀传统文化的论著较多、成果显赫。从构建国内的教育场域上来看,中华优秀传统文化与思政课教学呈现了一体化的研究特点,不同学段、不同类别思想政治课都不同程度地寻找着中华优秀传统文化与思想政治教育融合点与教育的创新点。在巨大研究热情的背景下,这不仅有利于中华优秀传统文化体系的构建,有利于在构建中实现中华优秀传统文化双创性飞跃式发展,更有利于创建富含文化底蕴、民族特色、家国情怀的思想政治教育国内场域。从构建世界舞台的教

1　加德纳. 儒家思想[M]. 朱邦芊,译. 南京：译林出版社,2025.
2　汤因比. 历史研究[M]. 郭小凌,王皖强,译. 上海：上海人民出版社,2010.
3　高地. 西方学者中国思想政治教育研究述评[J]. 马克思主义研究,2016(10)：147-154.
4　高地. 西方学者中国思想政治教育研究述评[J]. 马克思主义研究,2016(10)：147-154.

育场域上来看,中华优秀传统文化与思想政治教育的融合研究,是充分实现教育输出的重要窗口,有利于实现中华优秀传统文化与思想政治教育理念的双向输入,更有利于中国在世界舞台上开展更高层次的文化交流。在实现跨学科教育目标上,中华优秀传统文化可以以项目化的呈现方式实现思想政治学科与其他学科的综合实践学习。中华优秀传统文化以闪亮的"中国式文化"属性在坚持思政课学科立场的同时,实现思政课与其他学科边界交互式的学习,实现共同育人的目标。

四、研究思路与方法

(一)研究思路

本书将聚焦中华优秀传统文化融入高中思想政治课的理论与实践,寻求新路径,遵循逻辑与历史相统一、理论与实践相统一的原则,根据既定的研究主题提出研究问题,运用定量和定性分析的方法,结合时代要求在解决问题层面上探索中华优秀传统文化融入高中思政课的创新实践点。首先,厘清中华优秀传统文化传承的价值所在与理论的前提问题;其次,探究中华优秀传统文化与高中思想政治课之间的契合点;最后,分析当下中华优秀传统文化融入高中思政课的现状,探索中华优秀传统文化融入高中思政课的新路径与新模式。

(二)研究方法

1. 文献研究法

坚持"突出前沿性,注重系统性,体现典型性"的原则,查阅国内外关于中华优秀传统文化的研究、高中思政课教学等方面的文献资料,梳理相关理论研究成果,为本研究提供理论支撑和参考借鉴。

2. 调查研究法

利用互联网、实地调查、抽样调查等方式设计围绕中华优秀传统文化融入教育的思政教师问卷和学生问卷,调查师生群体对中华优秀传统文化融入思政课的认知、实践运用情况以及展望,从调查问卷中寻找融入难点和堵点。

3. 逻辑与历史相统一

从历史发展的角度考察中华优秀传统文化融入高中思政课的历史发展进程,在历史考察的基础上,运用理论框架分析中华优秀传统文化与思政课在价值观、方法论等方面的契合点。

4. 理论与实践相结合

中华优秀传统文化融入高中思政课的实践探究具有较强的理论意义和现实意义。将马克思主义基本理论与新时代中国国情相结合,从当代高中生基本情况出发,结合当前中华优秀传统文化融入高中思政课教育的现实分析,形成创新、有效融入的实践方案。

5. 学科交叉研究法

将中华优秀传统文化融入高中思政课的研究,涉及政治学、哲学、教育学、心理学、伦理学、社会学等多个学科领域,研究过程中借鉴多学科研究方法进行融合研究,推动该研究的科学性和可靠性。

第一章

中华优秀传统文化与高中思政课的关系

第一节　中华优秀传统文化的
内涵与特点

"文化是一个国家、一个民族的灵魂。"任何一个国家、一个民族在历史发展的长河中都会形成独具特色的文化,凝结成不同特点的人类文明。中国共产党历来重视中华优秀传统文化的传承与发展,始终将中华优秀传统文化传承和发展作为重大发展战略目标,党的十八大之后对中华优秀传统文化更是开展分层级、分阶段、全方位、全系统的布局,将中华优秀传统文化和民族创新精神相结合,与文化强国建设相结合。因此,中华优秀传统文化在新时代除了深厚的历史价值之外,还具有培根铸魂、启迪润心的育人价值。

一、中华优秀传统文化的定义与发展脉络

(一) 中华优秀传统文化的基本内涵

时间的针脚总是将国家和民族发展分为"过去""现在"和"未来"。文化也被时间的针脚分割成不同的时段。在这里,我们研究的中华优秀传统文化是 1840 年前的中华民族"过去"的文化,将其与高中思想政治课相融合,实现以文育人、以文弘道、以文兴邦的重要目标。

1. 中华传统文化

传统文化是"人类文化继续发展的台阶和垫脚石"。[1] 传统文化不应该陈列在博物馆,而应该再现在书本上。中华文化所蕴含的思维模式、行事方式、价值追求、理想信念等都具有学习的意义和研究的意义。

中华民族的文化遗产凝结在"独具特色的语言文字,浩如烟海的文化典

---

[1]　陈先达.文化自信中的传统与当代[M].北京:北京师范大学出版社,2017.

籍,嘉慧世界的科技工艺,精彩纷呈的文学艺术,充满智慧的哲学宗教,完备深刻的道德伦理"[1]中,体现出中华民族独具特色的生活态度与精神面貌、价值追求。中华传统文化根据不同的标准有不同的分类,但大致可以分为以下几类。一是物质文化类。以物质形态存在的文化成果,通常可见、可触摸,例如古代建筑、手工艺、服饰、饮食、器物等。二是精神文化类。以思想、观念、信仰等形式存在的文化内容,通常无形但影响深远,例如以儒释道为代表的思想哲学;以诗词、书法、绘画、戏曲为代表的文学艺术;以道教、佛教等为代表的宗教与信仰;以女娲补天、《山海经》等为代表的神话与传说;以孝道、五伦、家风为代表的伦理道德。三是制度文化类。在社会生活中形成的规范、制度和组织形式,例如以古代选拔人才为代表的科举制度;以婚丧、祭祀为代表的礼仪制度;以宗族、家谱为代表的家族制度;以书院、私塾为代表的教育制度;以封建、官僚为代表的政治制度。四是行为文化类。人们在日常生活中形成的风俗、习惯和行为方式等,例如以春节、端午节等为代表的传统节日;以婚丧嫁娶为代表的民间风俗;以太极拳、少林武功为代表的武术与体育;以舞龙舞狮、庙会为代表的民俗活动;以餐桌礼仪为代表的饮食行为。五是语言符号类。通过语言、文字、符号等形式传递文化内容,例如以汉字演变、书法为代表的汉字文化;以太极、八卦为代表的符号与象征;以俗语、歇后语为代表的民间谚语。六是科技与知识类。古代在科学、技术、医学等领域积累的知识体系,例如四大发明;以针灸推拿为代表的中医药;以二十四节气为代表的天文历法;以田地灌溉、水利工程为代表的农业技术;以桥梁建造为代表的建筑技术。七是生态与环境文化类,指人与自然和谐共处的理念与实践,例如人与自然和谐共生的"天人合一"哲学思想;追求人工与自然融合共处的园林等。总而言之,中华传统文化是中华民族在长期生活中在物质、精神、制度、行为、语言符号、科技与知识和生态环境等方面形成的历史与实践的结晶。

中华传统文化在几千年的长河中凝聚而成,既有精华,也难免有糟粕,

---

1 张岱年,方克立.中国文化概论[M].北京:北京师范大学出版社,2014.

其中也蕴含着一些不再适应新社会、新时代的旧思想、旧行为。这就要求我们进行客观分析,甄别应该弘扬的经典优秀部分,废除腐朽落后的部分。

2. 中华优秀传统文化

中华优秀传统文化如长河一般流淌着五千年的智慧与文明,它"独一无二的理念、智慧、气度、神韵,增添了中国人民和中华民族内心深处的自信和自豪"[1]。它既有"天行健,君子以自强不息"的刚毅精神,也有"上善若水,水善利万物而不争"的柔美境界;它既承载着"仁义礼智信"的道德根基,又滋养着"和而不同"的包容胸怀。无论是"先天下之忧而忧,后天下之乐而乐"的家国情怀,还是"采菊东篱下,悠然见南山"的闲适心境,都展现了中华文化的深邃与博大。具体来说,中华优秀传统文化是指中华民族在历史演变过程中形成的以"仁爱"为本,以"和"为贵,以"礼义"为规,以"修身"为基,以"家国天下"为情,追求人与社会、人与自然和谐统一的核心思想;以"仁义礼智信、忠孝廉耻勇"为纲的中华传统美德;以及"以人为本、崇德向善、自强不息"为主要内容的人文精神,以"器以载道、书以明理、戏以咏志、曲以传情"等为文化载体,生动体现了中华民族的精神气度与价值追求。顾晓峰、任倚步认为:"中华优秀传统文化的传承则是把中华文化传统诠释由自发自在的状态推向新时代自觉自为状态的理论与实践。"[2]中华优秀传统文化承载着中国特色社会主义文化的发展智慧,为今天的中华民族提供强大的精神滋养。

中华优秀传统文化是民族的文化,反映了中国人民的智慧与情感,形成了独特的文化符号和象征。这些符号和象征不仅体现在语言、文字、艺术等形式上,也深深植根于中国人的思维方式和生活方式之中。这些文化元素在现代社会的各个方面仍然具有重要的指导意义,帮助我们在全球化的背景下保持文化自信和民族凝聚力。

1　中共中央办公厅,国务院办公厅.关于实施中华优秀传统文化传承发展工程的意见[N].人民日报,2017-01-26(5).
2　颜晓峰,任倚步.马克思主义与中华优秀传统文化相结合的世界历史意蕴[J].贵州师范大学学报(社会科学版),2023(2):6-16.

中华优秀传统文化是大众的文化。中华优秀传统文化为道德伦理、社会规范和人际关系方面提供了丰富的指导原则,对现代社会的发展仍具有重要的影响和借鉴意义。传统文化中的道德观念,如孝悌忠信、礼义廉耻等,不仅是个体修身齐家的基础,也是社会和谐发展的重要支撑。通过对中华优秀传统文化的深入研究和合理应用,可以为解决当代社会问题提供新的思路和方法。中华优秀传统文化的研究与传承,不仅是文化自觉的表现,也是推动社会进步的重要力量。

（二）中华优秀传统文化的演进轨迹

回溯中华优秀传统文化的过往,"距今 8000 年前,中国大部分地区出现了秩序井然的社会和一定程度的社会分化,产生了较为先进、复杂的思想观念和知识系统……有了文化上'早期中国'的萌芽"[1],这说明中华文化源远流长,如气势磅礴的大江滋养中华大地。中华大地的祖先们也用深邃智慧和勤劳汗水点燃文化的火种,研究中华优秀传统文化的演进,对于深入理解、弘扬、接续传承中华优秀传统文化意义重大。

1. 传统文化起源阶段——远古时期

在中国人的想象中,开天辟地是中国历史的开端。"炎黄子孙"这一称号的由来是以炎帝、黄帝为代表的原始部落在交流融合中成长起来的,成就今日之华夏民族。《国语》中提到:"皇天嘉之,祚以天下,赐姓曰'姒'、氏曰'有夏'……皆黄、炎之后也。"[2]这是书中明确记载中华民族的由来,也开启了中华优秀传统文化的人文起源。

根据考古记载,在距今 8000—6000 年的贾湖遗址,先民种植水稻、饲养家猪、酿酒、制作绿松石器,并发明了可以演奏乐曲的七孔骨笛。物质文化的成果体现了中华民族智慧勤劳的可贵精神。物质文化与精神文化总是如影随形的。远古时期在有限的生产力和人们的认识能力范围内,先民通过画作（图腾）表达了对美好生活的向往,对自然中日月、星河、风雨、山川的好奇与信服,表达对大自然的热爱与敬畏。

1　韩建业.中华文明的起源形成与其长存之道[J].科学大观园,2023(13)：20-23.
2　左丘明.国语[M].上海：上海古籍出版社,2015.

2. 传统文化形成时期——夏商西周春秋

根据相关的历史记载,中国建立的第一个王朝为夏,这不仅是原始社会的开始,也是中华文化进入了一个全新时期。商周时期的甲骨文,铸造在青铜器上的铭文(金文)的出现,为人类留下了古人对于"王权""自然""天命""神灵"的尊崇之情。同时,青铜器的出现不仅体现古人铸造工艺的高超技术,对推动宗教与礼仪文化形成,促进文字与书法艺术发展也具有重要的作用。

公元前722年,中国历史迎来了动荡和变革,周王室权威逐渐衰弱,多元思潮的迸发,创造了雄浑壮阔、意义深远的百家争鸣时代。提倡"仁爱,复礼"的儒家,提倡"道法自然""无为而治"的道家,提倡"兼爱"的墨家,提倡"以法治国"的法家,都对后世人类社会其他思想文化产生深远的影响。同时对"天"的敬畏之情,探寻自然规律的信念,都对后世中国乃至世界的发展产生持久的助力作用。

3. 传统文化发展阶段——战国秦汉

公元前221年,秦王朝建立,标志着第一个统一的多民族国家的诞生,实现"六合同风,九州共贯"。政治领域的皇帝制、郡县制、各级官僚制度都成为影响中国千年的政治制度。以法家思想为指导,推崇严刑峻法,强调"以法治国"方针,为维护社会秩序、促使国家机关高效运作提供重要的制度保障。

汉代中华传统文化加速发展。思想方面,汉武帝采纳了董仲舒"独尊儒术"的建议,儒家思想不仅成为当时官方正统思想,而且奠定了儒家思想在中国传统文化中的核心地位。两汉经学代表著作《诗》《书》《礼》《易》《春秋》等,佐证两汉经学是汉代儒学发展的高峰阶段。文学方面,《史记》《汉书》等史学著作相继问世,以《上林赋》《子虚赋》为代表的汉赋作品辞藻瑰丽,体量宏大,文风凸显铺陈扬厉,成为中国文学史上的重要作品。在文学艺术方面,《甘泉宫图》宏大的画面、细腻的笔触,为研究汉式宫殿建筑提供了宝贵的参考价值。石雕、壁画也成为表现汉代审美与工艺的重要文学艺术作品,唐代画家张彦远在《历代名画记》中指出:"图画之妙,爰自秦汉,可得而记。"中国的绘画艺术虽然起源很早,但直到秦汉时期才蔚为大成。

4. 文化冲突与融合阶段——魏晋南北朝时期

随着汉朝的灭亡,历史进入了战乱与政治斗争、分裂与融合的时期。在思想方面,儒家思想去除汉代教条主义色彩,仍居主流地位。儒、佛、道在这一时期逐渐走向融合。对《老子》《庄子》和《周易》等著作的研究和解说,标志着玄学的产生,体现出魏晋人对理想人格的追求。在文化艺术方面,南北朝时期骈文的出现使中国的文学作品风格更趋多样化,东晋书法家王羲之的《兰亭集序》、因佛教在中国盛传而兴起的石窟艺术都成为留传至今的艺术瑰宝。在科技与学术方面,呈现出较大步伐的飞跃。数学家祖冲之将圆周率精确计算到小数点后七位数,地理学家郦道元的《水经注》,农学家贾思勰的《齐民要术》都是各自领域的经典成就。

5. 传统文化发展高峰阶段——隋唐宋辽金夏元

中国传统文化以唐宋盛世为代表进入黄金时期,从公元 581 年隋朝建立 1368 年元朝灭亡长达近 800 年间汇聚传统文化"多元融合"的特征,呈现出中国文化盛世的千年辉煌,不仅在中国历史上具有重要的地位,对世界文化也产生深远的影响。思想方面:佛教在隋唐时期达到鼎盛,并呈现出本土化的趋势,产生诸多宗派,佛法的交流也成为古代中外文化交流的窗口。经过五代十国的分裂割据,宋朝与辽等少数民族政权形成对峙格局,理学在宋朝形成与发展成为重要的思想成就。宋朝理学吸收佛教的一些观念,突出思辨性,遵循伦理道德的核心思想,主张"存天理,灭人欲",大有禁欲主义色彩,对中华民族德行情操、人格气节的塑造及社会责任的培养具有极大的推动作用。文学方面:唐诗的如梦如幻,宋词的婉约与豪放,在诗意与哲理的交融中描绘着那个时代的山川湖海和古人的喜怒哀乐,因此李白、杜甫、欧阳修、苏轼等人成为中华民族家喻户晓的古代名人。科技方面:唐宋时期四大发明(造纸术、印刷术、火药、指南针)已从发明达到了广泛运用。从唐代的雕版印刷术到宋代的活字印刷术,印刷术的发展不但加速了文字的传播速度,而且促进了传统文化标准化与统一化的发展,科技与文化的融合在唐宋时期得到充分的体现。文化艺术方面:元朝时期关汉卿、白朴、马致远等元曲作家的著作,如《窦娥冤》《西厢记》等,在文学上有极高的艺术价值,同时融合了音乐、舞蹈等多种艺术形式。在画风方面:以汉族艺术家赵孟頫绘画作品《红衣罗汉图》为代表,在吸收南北绘画之长的基础上,融入蒙古族的艺术元素,实现民族间的文化融合与发展。

6. 传统文化由盛转衰阶段——明清

明清时期是中国封建社会由盛转衰的重要阶段,这一时期出现资本主义的萌芽,但发展缓慢且未能实现社会转型。这一时期呈现出对传统文化总结性的著作,例如《永乐大典》《四库全书》和《古今图书集成》等。思想方面:程朱理学仍旧占据统治地位,八股取士制度限制思想的自由发展,阻碍文化发展,"文字狱"也扼杀了诸多知识分子创造力。文学方面:小说创作达到了前所未有的高峰时期,先后出现了围绕历史演义、英雄传奇、神魔仙怪、世间情爱的各类小说。在大众文化上,冯梦龙的《山歌》、洪应明的《菜根谭》、王永彬的《围炉夜话》等雅俗共赏的文学作品在民间广为流传。科技方面:明清时期的科技发展出现医药类的巨作李时珍的《本草纲目》、农业手工业类的综合性著作宋应星的《天工开物》,但理论没有转化成生产力,中国与西方国家的科学技术差距逐渐拉大。文化艺术方面:明清时期强调个性表达的文人画兴起,涌现一批像八大山人等杰出画家,但也反映出传统绘画技法的停滞。书法方面:董其昌等人的书法成就显著,但也以对前人模仿为主,缺乏创新,值得称赞的建筑设计和铸造工艺,在清明时期具有显著成就。始建于明永乐年间的北京故宫,体现"虽由人作,宛自天开"的自然美学特征。庄严肃穆、雕刻和彩绘工艺精湛的山西悬空寺,以及代表民居特色的北京四合院、徽派建筑都出自明清时期。

通过对传统文化发展脉络的梳理,我们深刻意识到,中华民族在其发展的过程中一直坚持着"祖先之志,后人承继,民族之魂,代代相传"的文化传承之风;优秀的价值理念如春风化雨,早已浸润每个中华儿女的心灵,成为我们共同的精神家园;中华文化的璀璨辉煌,不仅滋养了民族的文化自觉与自信,更如一颗明珠,为世界文明的宝库增添了熠熠生辉的瑰宝。以中华优秀传统文化千年演进的清晰脉络为根基,我们应更深刻地领悟民族的精神内核,更珍视当下所铸就的历史辉煌,并以坚定的信念,在中国特色社会主义的道路上砥砺前行,谱写新的篇章。

（三）中华优秀传统文化的未来发展脉络

1. 科技动态发展脉络

中华优秀传统文化是中华民族经历数千年形成的最深层的精神追求。然而,传统文化要在现代社会中持续传承与发展,必须适应时代的变化。通过动态发展脉络,探索文化和科技融合的有效机制。2022 年 5 月 22 日,国务院办公厅印发《关于推进实施国家文化数字化战略的意见》。故宫博物院通过数字化技术将《千里江山图》等文物转化为动态影像,让静态的文物"活起来",这种创新不仅适应了现代人的审美需求,也为传统文化的传承注入了新的活力。

2. 社会变迁脉络

随着社会的快速变迁,中华优秀传统文化将更加注重与现代生活的融合,以适应个体化、碎片化和世俗化的社会特征。面对自然环境的变化,传统农业文化中的生态智慧被用于现代可持续农业的发展,"天人合一"思想仍旧被审视和应用;面对人口结构变化,乡村文化面临消失风险,但老龄化社会更加急需传统文化中养老观念和家庭伦理的传承与弘扬;面对社会结构变化,要求传统文化在传承中更加注重包容性和适应性,"民为邦本"观念仍旧为未来社会和谐治理提供借鉴;面对生活方式变化,中华优秀传统文化的传播形式更加贴近未来生活,通过数字化方式生动传递传统文化,如中医养生之术在未来发展中仍有广阔发展空间,表现形式将得到更大的升华。

3. 价值引领脉络

在过往,中华优秀传统文化在凝聚民族精神、塑造社会道德规范和推动社会和谐发展上发挥着重要的引领作用。儒家思想中"修身齐家治国平天下"理念强调个人修养与社会责任的统一,激励无数爱国之士终身践行报国之志。在未来,中华优秀传统文化的价值引领功能将继续发挥重要作用,可以作为中国式现代化的重要文化支撑,将继续为国家发展提供精神动力,成为社会和谐的良好规范、个人的道德准则,更可以在世界舞台上展示中华文化的独特魅力,增进国际社会对中华文化的了解和认同。儒家思想中"和而不同"的理念可以成为不同文明国家开展对话和交流的准则,成为全人类共同的价值追求。

4. 全球化发展脉络

在全球化背景下,中华优秀传统文化的传播能够促进不同国家和民族之间的文化交流与互鉴,增进国际社会对中华文化的了解和认同,更能消除文化误解和偏见,对防止文化同质化问题做出中国贡献,同时全球化也为中华优秀传统文化提供了更广阔的传播平台,能够在全球范围内展现其独特魅力。中国的"一带一路"倡议不仅促进经济合作,也推动了中国与共建国家的文化交流。形成了交流由"单轨"向"多轨"的转化。在全球化背景下,中华优秀传统文化在交流中展现深厚底蕴和独特魅力,在交流中激发民族自豪感,增强文化主体性。

二、中华优秀传统文化的核心价值理念

中华优秀传统文化因其深厚的历史底蕴和独特的价值理念,始终备受尊崇。中华优秀传统文化中的理念孕育着对人类社会本质的思考,对人与社会、人与自然、人与国家关系提出独特而深刻的思考。具体见图 3。

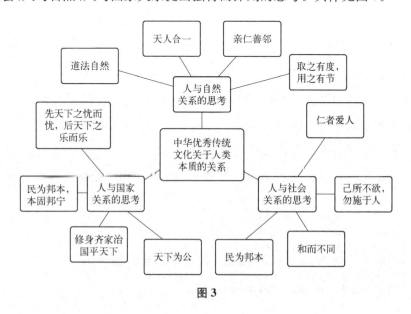

图 3

(一) 仁爱思想

仁爱是中华优秀传统文化的核心价值理念,儒家仁爱思想以"仁者爱人""己欲立而立人,己欲达而达人"[1]为核心,强调个人修养到社会和谐的递进关系,孔子提出"己所不欲,勿施于人"[2],体现了深刻的伦理道德内涵。儒家的"仁爱"核心在于对他人情感的理解与关怀,强调人与人之间的相互尊重与支持。这种价值观不仅在家庭中倡导亲情的温暖和互助,也在社会中鼓励人们以宽容和善意对待他人,促进社会的和谐与稳定。道家认为:"天之道,损有余而补不足。"[3]强调天道的公平与无私,形成"齐同慈爱"的理念。道家"仁爱"体现对自然、社会和人性的深刻关怀。在宗教思想方面,佛教慈悲思想强调对所有生命的关怀和拯救。孟子在孔子"仁爱"思想的基础上提出"仁政",将"仁"提升到国家治理层面上。汉代董仲舒将仁爱思想与天人合一观念相联系,提出"以仁安人,以义正我"[4],阐明仁爱与人、正义与己的关系。促进仁爱理论生动化与体系化。宋明理学时期,朱熹提出了"仁"与"爱"的关系[5],提出"仁者爱之理,爱者仁之事。仁者爱之体,爱者仁之用"[6],对仁爱思想进行哲学化和思辨化提升。明清时期仁爱思想成为新文化运动的重要启蒙思想,为推动社会变革和思想启蒙提供理论依据。

仁爱作为一种伦理准则,不仅是个人道德修养的体现,而且为个人提供尊重他人、培养感恩等价值指引;为社会成员提供团结与合作,构建和谐的社会关系;为封建时期国家治理以及现今的国家治理提供价值性指导;为中华文化的延续和发展提供重要精神支撑;为中国国际交往提供文化基础,坚持互利共赢的开放战略,为构建人类命运共同体提供历史智慧。

(二) 和合思想

和合思想是中华文化中极为重要的核心思想观念,和合思想实现了

1　杨伯峻. 论语译注[M]. 北京:中华书局,2017.
2　杨伯峻. 论语译注[M]. 北京:中华书局,2017.
3　老子今注今译[M]. 陈鼓应,译注. 北京:商务出版社,2016.
4　董仲舒. 春秋繁露[M]. 张世亮,钟肇鹏,周桂钿,译. 北京:中华书局,2012.
5　朱熹. 朱熹文集[M]. 郭齐,尹波,编. 北京:人民出版社,2013.
6　杨伯峻. 论语译注[M]. 北京:中华书局,2017.

"和"与"合"的统一。"和"强调事物之间的平衡与协调。"合"强调事物相互依存与协同。庄子《齐物论》中提到"天地与我并生,而万物与我为一",展现了人与自然和谐共生的画面。司马相如《凤求凰》提到"交情通意心和谐",以此表达人与人之间情感的和谐。邵雍《为人吟》提到"事体和谐四海春",体现了社会和谐的美好愿景。

和合思想的萌芽可追溯到先秦时期,儒家强调"和而不同""以和为贵",道家则提出"天人合一"。秦汉以后,和合思想在世俗文化和宗教文化中得到广泛应用,唐宋时期出现了"和合神"的信仰,象征着和合文化的深入人心。明清时期,和合思想继续传承,和合二圣变为喜庆的胖娃娃形象。现代社会强调社会各个层面之间的平衡与协调,主张在多元文化和利益的背景下,通过理性对话和合作共赢来化解矛盾。这种理念不仅适用于处理家庭和社区的关系,也在国家和国际事务中发挥着重要作用,成为国家治理和外交政策的重要指导思想[1]。

在个人方面强调个人内在的和谐与修身;社会层面承认差异的基础上,通过沟通和协商解决矛盾,社会治理中化解社会矛盾,减少冲突;国际层面倡导"协和万邦",通过和平合作、互利共赢的方式处理国际关系,还为构建人类命运共同体提供文化根基,强调不同文明之间的平等包容和相互借鉴。

(三) 诚信思想

诚信是中华优秀传统文化的核心思想之一,在个人修身和社会交往中扮演着至关重要的角色。诚信不仅是个人道德修养的体现,更是社会和谐的基石。孔子说:"人而无信,不知其可也。"[2]《史记》中提到:"桃李不言,下自成蹊。"[3]表达自身品行和诚信才能赢得尊重的道理。孔子提出"为政以德",强调诚信是治理国家的重要手段。通过诚信,人们能够建立起彼此信任的关系,这种信任关系是社会稳定与发展的重要保障。

诚信即诚实守信,是道德和伦理的基本要求。在个人交往中,诚信表现

1　邓思思. 高校思想政治教育与传统文化融合研究[M]. 北京:中国书籍出版社,2024.
2　杨伯峻. 论语译注[M]. 北京:中华书局,2017.
3　司马迁. 史记[M]. 长沙:岳麓书社,2019.

为言行一致,信守承诺。在社会交往中,诚信是建立信任关系的核心,能够促进人与人之间的良性互动。诚信的缺失往往导致信任危机,影响社会秩序的稳定,因此,诚信不仅是个人道德修养的重要体现,更是社会和谐的重要基石。通过诚信,个人能够赢得他人的信任,建立起牢固的人际关系网络,而这种信任关系又反过来促进社会的健康发展。

诚信思想的萌芽可以追溯到殷商和西周时期。这一时期,诚信观念主要体现在对祖先神灵的祭祀活动中,表达对神灵的"诚敬"之情,后续渐渐演变为对人与人之间交往的道德要求,形成了诚信观念的雏形。春秋战国时期,诚信思想得到了系统化的发展。孔子将"信"作为"仁"的重要内涵,孟子进一步发展了诚信思想,提出天道与人道。荀子更是强调诚信在社会秩序中的重要性。秦汉时期,商鞅变法中"徙木立信"的故事体现了国家治理中诚信的重要性。汉代诚信被纳入"五常"(仁、义、礼、智、信)。宋明时期,理学家强调"诚"是天理的体现,之后明清时期,诚信思想进一步深化,成为社会各阶层普遍遵循的道德准则。

(四)责任思想

责任是一种道德义务,涵盖了个人对家庭、社会和国家的多重责任,同时也涵盖了对家庭、社会和国家的多重义务,强调个体在社会中的角色与担当。屈原在《离骚》中说道:"长太息以掩涕兮,哀民生之多艰。"[1]杜甫《春望》中写道:"国破山河在,城春草木深。感时花溅泪,恨别鸟惊心。"传递了他对国家兴亡的忧虑和对百姓疾苦的同情。高适《别董大二首》中的"莫愁前路无知己,天下谁人不识君"传递了对友情的责任感。一个具备责任感的人,往往能在家庭中承担起相应的责任,在社会中履行自己的义务,并在国家需要时挺身而出。对家庭而言,责任体现为对父母的孝顺、对子女的抚养;对社会而言,责任表现为遵守法律法规,履行公民义务;对国家而言,责任则是爱国敬业、为国家发展贡献力量。责任感的培养有助于个体在社会中找到自己的定位,并承担起相应的角色与担当。责任不仅是个人道德修

1　屈原.离骚[M].北京:清华大学出版社,2019.

养的重要组成部分,也是社会稳定与发展的重要保障。

　　在中华优秀传统文化中,诚信与责任有着紧密的联系,这种联系在儒家思想中表现得尤为明显。诚信是责任的基础,是个人修养和道德实践的核心,责任推动诚信的践行。诚信与责任在社会治理中是统一的,诚信是个人的道德修养,也是社会治理的重要原则。这种以诚信为基础的责任感,是社会稳定和发展的关键。只有具备内在的诚信品质,才能在实践中真正履行责任。

　　责任作为中华优秀传统文化的重要价值观念,在文化传承中发挥着重要作用。通过传统文化的弘扬,责任的价值观念得以代代相传。在家庭教育中,父母通过言传身教,将责任的观念传递给子女;在学校教育中,教师通过课程设计,将责任的理念融入教学中;在社会文化中,通过各类文化活动,公众能够感受到责任的重要性。通过这些途径,责任的价值观念得以在全社会范围内广泛传播,成为社会和谐与进步的重要动力。

　　(五) 勤俭思想

　　勤俭作为中华优秀传统文化的美德,深刻影响着中华民族的生活方式和思维模式。勤俭强调节约资源和珍惜物品,以减少浪费和促进可持续发展。这种价值观不仅体现在个人的生活习惯中,也在社会的各个层面得到广泛的推崇。诸葛亮《诫子书》中的“静以修身,俭以养德”[1],强调节俭是培养品德的重要方式。《资治通鉴》中的“取之有度,用之有节,则常足”[2],提倡合理使用资源,避免浪费。李商隐《咏史二首·其二》中的“历览前贤国与家,成由勤俭破由奢”,指明勤俭是国家和家庭兴盛的关键。通过节俭的生活方式,人们能够更好地利用有限的资源,减少对环境的负担,为后代创造更加美好的生存条件。这种对资源的珍惜和合理利用,体现了中华文化中对自然和谐的追求和对未来的责任感。

　　先秦时期强调勤俭是个人立身、家庭和睦、国家治理的重要基础。墨子生活在战争频繁的春秋战国时代,以勤俭节用为核心倡导开源节流,反对骄

1　马积高,黄均.中国古代文学史:上中下[M].北京:人民文学出版社,1963.
2　司马光.资治通鉴[M].胡三省,译注.北京:中华书局,2018.

奢淫逸。秦汉时期,勤俭成为社会普遍认同的美德。司马光关于"俭"与"奢"的辩证论断深入人心,与个人修养联系在一起。宋元明清时期,《资治通鉴》的记载说明了勤俭成为治国理政的重要理念。

勤俭对个人而言有助于培养自律、自强的良好道德品质,对社会而言有助于减少资源消耗,推动可持续发展,对国家而言是治国理政的重要理念,确保国家长治久安。新时代勤俭思想仍旧对国家的高质量发展具有战略意义和作用。

(六) 自强思想

自强不息是中华民族的精神特质,鼓励个体在面对困难时不断努力,追求进步与自我提升。这种精神不仅仅是一种个人品质,更是一种集体意识的体现。

《周易·乾卦·象辞》提出"天行健,君子以自强不息"[1],强调天道运行刚健不息,君子应效法天道,自强不息。"路漫漫其修远兮,吾将上下而求索"则表达了对理想追求的不息精神。"穷且益坚,不坠青云之志"则告诉人们在逆境中要永不放弃,因此自强不息已经成为中华民族精神内核之一。从实践上看,中华民族经历了无数次的磨难和挑战,但始终能够在逆境中崛起,靠的正是这种自强不息的精神,它激励着每一个中华儿女在面对生活中的挫折时,不轻言放弃,并不断追求卓越。这种精神也为国家的现代化建设提供了不竭的动力,推动着社会的不断进步与发展。

自强思想贯穿于中国历史的各个阶段,从古代变法图强到新民主主义革命的胜利,不断推动国家的发展与民族复兴。自强思想的背后蕴含着深厚的历史底蕴和文化基因,让中华民族在全球背景下始终保持独立自主的精神特质,增强民族抗逆力、奋斗力和凝聚力。自强思想激励个人奋斗,激励个人在面对困难时不屈不挠,促使人们积极承担社会责任。自强思想成为中国应对复杂国际形势和风险挑战的重要精神支撑,无论是过去、现在还是将来,都有助于维护国家主权,为赢得主动和尊重提供了有效的智慧

1　黄寿祺,张善文.周易译注[M].新修订本.上海:上海古籍出版社,2018.

方案。

(七) 民本思想

民本思想是中国古代重要的政治伦理思想,强调民众是国家的根本,强调在一切事物中人居于最重要的地位。《尚书·泰誓》提到"商罪贯盈,天命诛之",表明民众意志即为"天",民本思想开始萌芽。孔子的"为政以德",强调统治者要以德行治理国家、赢民心。孟子的仁政思想,荀子的"君舟民水"的比喻都阐明民是国之根本的思想。"天下非一人之天下,乃天下之天下也。"[1]说明统治者要体恤民众。

民本思想的萌芽始于夏商周,西周统治者提出"敬德保民""以德配天"的观念。春秋战国时期,儒家学者对民本思想进行了系统阐述,法家管仲提出"政在顺民心",丰富了民本思想。汉代强调"国以民为本"成为治国的基本理念。唐宋时期,更加重视民本思想,唐太宗提出"存百姓"的理念。明清时期,民本思想家对君主专制制度进行反思。王夫之《黄书·原极第一》提出"众为邦本"的思想。民本思想对君主专制权力形成了一定的制约,促使统治者在决策时必须考虑民众的利益,避免过度剥削和压迫。对统治者而言,一些开明的君主接纳民本思想,轻徭薄赋开创政治盛世。民本思想推动中国古代政治思想的进步与发展,民本思想在免除赋税、改善民众生活、发展生产等方面具有重要的作用。民本思想为中国当代"以人民为中心"发展理念奠定重要的理论基础。

三、中华优秀传统文化特征

(一) 地域文化的多样性

地域文化的多样性不仅体现在各地独特的风俗习惯和生活方式上,还反映了不同地区人民在自然环境和社会条件下的适应与创造。中国幅员辽阔,自然地理条件复杂多样,各地在长期的历史发展过程中形成了各具特色的文化传统。例如南方的水乡文化与北方的草原文化在生活方式、建筑风

---

1 六韬[M].陈曦,译注.北京:中华书局,2016.

格、饮食习惯等方面都有显著的差异,这种差异不仅体现了各地人民对自然环境的适应能力,也展示了他们在社会历史进程中的创造力。

地域文化的独特性在于不同地区的风俗习惯和生活方式,这些风俗习惯与生活方式是各地人民在特定自然环境和社会条件下长期积累的结果。南方地区的龙舟竞渡,北方地区的冰雪节庆,都是各地人民在适应自然环境过程中创造出的文化活动。这些活动不仅丰富了当地的文化生活,也成为当地文化认同的重要组成部分。不同地区的生活方式,如南方的精致茶道与北方的豪放酒文化,体现了各地人民在自然与社会条件下的独特适应与创造。

各地域的传统艺术形式,如地方戏曲、民间音乐和手工艺,展现了不同文化背景下的审美观念和艺术表达。中国的戏曲种类繁多,京剧、越剧、黄梅戏等各具特色,充分体现了地域文化的多样性。民间音乐如新疆维吾尔族的木卡姆、内蒙古的长调民歌,也展示了不同民族在长期历史发展中形成的独特艺术风格。手工艺如苏州刺绣、景德镇陶瓷等,不仅是地方经济的重要组成部分,也是地方文化的重要象征,体现了各地人民的智慧与创造力。

地域文化的饮食习惯因地制宜,丰富多样,体现了各地的自然资源与文化传承。中国的饮食文化以其丰富多样而闻名于世,各地的饮食习惯不仅反映了当地的自然资源,还体现了千百年来的文化传承。北方的面食、南方的米饭,四川的麻辣、广东的清淡,都是各地人民在长期生活实践中形成的饮食习惯。这些饮食文化不仅是地方文化的重要组成部分,也成为中华文化认同的重要标志。

(二)民族文化包容性

民族文化的包容性不仅体现在对不同民族传统的尊重与接纳上,更在于促进民族之间的和谐共处与文化交融。中华文化自古以来就善于在不同文化之间寻找共通之处,并将其融入自身的文化体系中。这种包容性不仅有助于维护社会的稳定与和谐,还为文化的创新与发展提供了源源不断的动力。在历史的长河中,中华民族通过吸纳外来文化的精华,丰富了自身的文化内涵,从而形成了具有中国特色的文化模式。这种模式不仅在国内具有强大的凝聚力,也在国际上展现出了独特的魅力。

通过对各民族文化元素的吸收与融合,中华优秀传统文化展现出丰富的多样性,形成了独特的文化景观。这种多样性不仅表现在语言、艺术等方面,还体现在生活方式、风俗习惯等多个层面。各民族在长期的历史发展过程中,形成了各具特色的文化传统,而中华文化则通过包容与吸收,将这些不同的文化元素有机地结合在一起,形成了多元一体的文化格局。这种文化的多样性不仅使中华文化更加丰富多彩,也增强了其在全球化背景下的竞争力与影响力。

民族文化的包容性还体现在共同的价值观念上,如对家庭、教育和道德的重视,增强了民族认同感与归属感。中华文化中强调的孝道、仁爱、诚信等价值观念,成为各民族共同的精神纽带。这些价值观念不仅在个人的道德修养中发挥着重要作用,也在社会治理中起到了稳定器的作用。在多元文化并存的社会背景下,这种共同的价值观念为不同民族之间的理解与沟通提供了坚实的基础,促进了社会的和谐与稳定。

各民族在传统节庆、礼仪和风俗上的相互影响,丰富了中华优秀传统文化的内涵,体现了文化的互动性与开放性。中华文化中的许多节日,如春节、中秋节等,都是在不同民族文化的相互影响下逐渐形成的。这些节日不仅是文化的载体,也是民族认同的重要象征。通过节庆活动,各民族不仅传承了自己的文化传统,也在与其他民族的交流中获得了新的文化体验。这种文化的互动性与开放性,不仅丰富了中华文化的内涵,也为其在全球化时代的传播与发展提供了广阔的空间。

（三）中华文化的整体性

在漫长的历史发展过程中,中华文化逐渐构建了一种内在统一、相互交融、多元一体的文化特质,体现了整体性特征。中华文化的整体性并不仅是单一文化的简单集合,而是一个有机的整体。语言文字、风俗习惯、哲学思想、艺术形式包括科技成就等多个方面都表现为整体性特点。

考古发现表明,中华文化在 8 000 年前就已经形成以"敬天法祖"为核心的"一元"宇宙观,为中华文化"多支一体"格局整体性奠定基础。[1] 纵观中华文化重大思想,作为主流思想的儒释道都强调宇宙万物的内在联系和整体性。从社会结构上看,中华文明早期形成"多支一体"的格局。多支之间还存在长期的交流互动和互助。中华文化在吸收外来文化时具有转化为本国文化的能力,中国从西方社会汲取了冶金技术,并能将其用于青铜制作中,形成独具东方特色的青铜文化,这种文化展现的包容性也促使中华文化整体性的产生。中国古代的"大一统"思想,在政治上的一统性,民族上"华夷一体",文化上"崇礼"一体性,实现社会多方面的统一性。

中华文化整体性为中华民族文化认同提供根基,增强各民族对中华文化的自豪感、认同感和归属感,整体性也为中华文化新传承与新创新提供理论支持。

中华文化的整体性思维为全球文化对话提供独特的视角。中华文化倡导不同文化间的内容和形式皆平等的对话,在全球文化互动中,中华文化的整体性思维能够帮助不同文化之间找到共性,进行更深层次的交流,实现文化发展中的互利共赢。

中华文化整体性思维为构建人类命运共同体提供了文化支撑。通过"和合"理念的传承、"天下为公"的价值追求以及全球文明倡议的实践路径,中华文化为全球治理、文明对话和可持续发展提供了独特的中国智慧,为推动全人类社会的和谐共生与共同发展提供了不可或缺的文化支撑。

四、中华优秀传统文化的时代价值

(一)夯实文化自信的基础

文化自信的基础在于对中华优秀传统文化的深刻理解与认同。中华优秀传统文化不仅是中华民族历史的积淀,更是塑造国家形象和民族精神的重要组成部分。通过对传统文化的研究与弘扬,人们能够更清晰地认识到自身文化的独特性与价值,从而增强对文化的自信。这种文化自信不仅体

---

1 韩建业. 中华民族原来就是一个[J]. 求索,2025(1):5-11.

现在对传统文化的尊重与珍视上,更在于将其视为国家发展的精神动力。文化自信为国家的文化软实力提供了坚实的支撑,使中华文化在国际舞台上更具影响力和传播力。

中华优秀传统文化是培育担当民族复兴大任的时代新人不可或缺的重要历史文脉。[1] 文化自信促进了民族凝聚力的提升。共同的文化认同是增强人民归属感与自豪感的重要因素。在全球化的背景下,文化自信成为凝聚民族力量的核心,通过弘扬和传承中华优秀传统文化,增强了社会的团结与和谐。文化自信不仅是民族精神的体现,更是社会发展的动力源泉。它激励着人们在面对挑战时,能够从自身文化中汲取力量,保持积极向上的态度和行动力。文化自信的另一个重要体现是激励文化创新。传统文化与现代社会的融合是推动文化产业发展的关键。通过创新性地传承传统文化,能够在现代社会中找到新的生命力与表现形式。这种创新不仅丰富了文化的内涵,也促进了文化产业的繁荣与发展。文化自信使得人们在创新过程中能够更好地保持文化的独特性与连续性,从而在全球文化交流中占据一席之地。文化自信不仅是对过去的尊重,更是对未来的展望与追求。

(二) 铸就社会和谐的纽带

中华优秀传统文化作为文化瑰宝,为当代社会促进和谐起到非常重要的作用。在仁爱理念的指引下,在家庭内部营造成员之间互助温馨的氛围,和谐理念在社区和整个社会中也发挥着稳定、团结的作用。仁爱这一核心价值观,源于传统思想的深厚积淀,它强调人与人之间的关怀和相互支持,成为社会和谐的重要基础[2]。在现代社会中,仁爱精神通过故事、榜样学习等多种形式得以传承和发扬,使得不同社会群体之间的关系在谦让、互助中更加紧密和融洽。

传统文化中所倡导的礼仪规范和道德规范为社会交往提供指导准则,这些规范不仅仅是行为的约束,更是社会成员之间相互尊重和理解的价值源泉。礼仪强调尊重他人,关注他人的感受和需求,而道德规范则引导人们

1　秦冰馥.中华优秀传统文化融入高校思想政治教育研究[D].长春:东北师范大学,2021.
2　杨飞,刘海华.中华优秀传统文化融入思政课研究[M].秦皇岛:燕山大学出版社,2023.

在交往中保持诚信和正直。在融洽的人际氛围中，人们在信任中进行交流和共处，减少误解和冲突的发生，从而推动社会和谐的进一步实现。

中华优秀传统文化强调价值观的相互认同，这种认同感增强了不同群体之间的包容性与理解性。传统思想中的"和而不同"理念，提倡在多样化的价值观中寻求共识，尊重差异，实现共处。这一理念在当代多极化的世界格局中，在多元文化社会融合中尤为重要，它帮助不同背景和信仰的人们找到共同的价值基础，减少不必要的偏见和分歧。在文化认同中，实现互信与合作，真正形成国际社会和谐共处的纽带。

传统文化的传承与创新活动在国际社区中得到了广泛的应用，促进不同文化背景的人们之间的融合与和谐。通过引导国际友人参与中华传统节庆活动、文化讲座，不仅增强了我国居民的文化认同感与归属感，更加大了中华优秀传统文化的宣传力与感染力。居民不仅能够加深对自身文化的理解，还能在与国际友人互动中增进彼此之间的了解和信任。这种文化活动不仅是对传统的继承，更是对现代社会和谐发展的推动。

（三）催生经济发展的新动能

在经济全球化的背景下，中华优秀传统文化作为一种独特的文化资源，正在成为推动经济发展的新动力。内涵丰富的中华优秀文化产业带动传统手工业、文创产业、旅游业的繁荣与发展。"李子柒"等文创品牌的走红，正是因为中华优秀传统文化本身赋予了其产品独特又富有神秘性的东方文化底蕴。这些传统文化领域不仅在国内市场表现出色，还在国际市场上展现出强劲的竞争力。通过国人和外国人双轨文化的传播和交流，中华传统文化正在为国内和国际经济发展注入新的活力。

中华优秀传统文化中蕴含的勤俭节约、自强不息等价值观念，不仅是个人修身齐家的准则，也是企业经营的发展准则。在经济活动中，优秀的价值观念引领企业在激烈的商海中奋勇前行，这种文化导向帮助企业在追求经济利益的同时，注重长远发展，兼顾社会效益，为经济的健康发展奠定良好的基础。

在现代经济中，企业通过对传统文化的创新与融合，开发出具有时代性、新颖性的文化产品,提升其市场接受度,从而提升企业竞争力。这种创新不仅满足了消费者对传统文化消费的需求,也为企业增添了新的市场份额。文化产品的开发,不仅是对传统文化的传承和弘扬,也是对市场需求的积极回应。通过文化创意产业的孵化,企业在激烈的市场竞争中崭露头角,取得经济效益和社会效益的双丰收。

中华优秀传统文化的传承与推广,增强了社会的文化认同感,促进了消费市场的新活跃。在文化认同感的强烈驱动下,消费者更加倾向于选择具有文化内涵的产品和服务。这种消费趋势的变化,带动了相关产业的迅猛发展,进而形成经济新的增长点。近年来,因为某一文创产品热,带动旅游业、其他消费行业迅猛发展的事例层出不穷。从一定意义上讲,通过文化的传承与创新,中华优秀传统文化不仅丰富了人们的精神生活,也为经济发展提供了持续的动力。

（四）架设国际交流的纽带

中华优秀传统文化对于提升中国人的文化自觉、坚定文化自信、推进文化自强具有重要作用。中华优秀传统文化在国际交流中扮演着重要的"文化大使"角色。作为国际交流的重要内容,它不仅增强了全球视域内对中国文化的了解与认同,还促进了文化的互学与互鉴。通过中国与某一国家文化交流年等活动,中华优秀传统文化得以展示,得以被认识、得以被了解,从而提升中国在国际文化舞台上的"出镜率"和影响力。庞大的文化活动不仅吸引全球的关注,也为各国之间的文化交流搭建了交流的通道,促进了不同国家、地区文化之间的深层次对话。

近年来,在国际品牌与产品设计中,中华优秀传统文化的元素不断地被广泛应用。一方面折射出中华文化强劲的软实力,另一方面也反映出中华优秀传统文化在推广过程中的保护力不足的问题。如何使中华优秀传统文化成为国际交往的纽带,又能做好中华优秀传统文化保护带的工作,这是时代在发展中给予中国的新命题和新考验。在交流中进行传播,在传播中进行保护,在保护中进行传承,在传承中进行创新,是新时代对于中华优秀传统文化发展的新要求、新举措。

　　国际交流中的中华优秀传统文化,促进了不同文化之间的对话与互动,推动了全球多元文化的共存与发展。通过文化的交流与传播,各国人民在理解与尊重中实现了文化的互鉴与共生。中华文化的包容性和多样性为全球文化的多元共存提供了丰富的经验与启示,成为推动国际文化交流与合作的重要力量。这种文化交流不仅增进了各国之间的友谊,也为全球和平与发展贡献了积极的力量。

第二节　高中思政课培育目标及途径

根据《普通高中思想政治课课程标准（2017 年版 2020 年修订）》的基本要求，高中思想政治课以立德树人为根本任务，以培育社会主义核心价值观为根本目的，帮助学生确立正确的政治方向，提高思想政治学科核心素养，增强社会理解和参与能力。[1] 结合高中思政课聚焦政治认同、科学精神、法治意识、公共参与四大核心素养，形成了具有高中阶段特点的育人方向框架。（见表1）

表 1

培育维度	整体总目标	细则目标
政治培育：政治强化认同	培养学生对中国特色社会主义认同感，树立国家意识和党对国家领导的意识	坚定中国特色社会主义理想信念，树立"四个自信"；培养爱国主义精神，树立国家意识；认同党的全面领导，是社会主义各项事业的领导核心
思维提升：培养科学精神	培养学生理性思维、批判精神和创新意识，提升科学素养和实践能力	树立科学的世界观和方法论；培养辩证思维；培养创新意识和实践能力；增强解决实际问题的能力；弘扬科学精神；增强对伪科学的辨别能力
法治教育：增强法治意识	培养学生法治观念，增强法治思维和法治实践能力，树立规则意识	树立法治观念，增强对宪法和法律的敬畏之心；培养法治思维，学会运用法律分析问题；参与法治实践，增强法治宣传能力
社会责任：促进公共参与	培养学生公共意识、民主素养和社会责任感，增强公共参与能力	增强公共意识，关注社会热点问题；培养民主素养，增强民主参与能力；践行社会责任，参与社区服务和公益活动

1　中华人民共和国教育部. 高中思想政治课课程标准[S]. 2017 年版 2020 年修订. 北京：人民教育出版社，2020.

一、高中思政课增强国家意识与民族自豪感

（一）国家意识的培养策略

国家意识与民族意识紧密相连，是"中国心"的具体体现，高中思政课"政治认同"核心素养的培育内容与树立国家意识紧密相关。通过精心设计的课程内容，在深入了解国家的历史、文化和成就的过程中，学生对国家"从何而来，将向何去"有一个全面系统的认识，从认识到激发，学生的民族自豪感、认同感油然而生。课程内容中所包含的丰富历史事件和文化成就，帮助学生从多角度理解国家的发展历程和时代现状。将思政课堂进行有效延伸，让学生在真实情境中感受国家的伟大与辉煌，从而增强其国家意识。

时政教育是思想政治课教育的一个重要方面，因此，结合时事热点是培养学生国家意识的有效手段，通过时政热点引导学生关注国家的发展动态和社会变化，不仅帮助学生了解国事、天下事，而且帮助学生建立起对国家未来的责任感与参与感。在课堂上，教师通过讨论当前的社会热点问题，分析国家重大形势与政策，激发学生对国家事务的兴趣与思考。在培养学生对时政敏感性的同时，培养他们分析问题和解决问题的能力，培养批判性思维习惯，使其在今后的学习生活中面对复杂社会问题时，能够从国家利益和发展角度出发，做出科学的判断和正确的选择。

利用国庆等爱国主义教育的最佳契机，围绕学生个体家族中祖辈、父辈与"我"三代人不同历史背景故事，以"我和我的祖国"为题讲述三代人的动人故事。邀请爷爷讲述当年亲历对越自卫反击战，邀请父亲讲述上海在改革开放浪潮中的巨大成就，学生可以结合自身的成长谈变化和发展，学生通过亲身体验增强对国家的认同感和责任感。此外，在中华优秀传统文化的活动中，例如传统礼仪的展示活动，为学生提供适当的展示自我、表达爱国情感的平台，促进其社会责任感和集体意识的形成。

国家安全教育是高中思政课的内容，也是思想政治教育不可或缺的教育内容。结合每年 4 月 15 日"国家安全日"开展国家安全内涵、国家安全体系教育，学生可以更好地理解国家利益和人民之力的重要性，通过他人事

例、国家事例的教育,学生能够认识到国家安全涵盖多个维度,自身安全意识的建立对国家安全关系重大,意义深远,从而提升学生对国家的忠诚度与责任感。

(二)民族自豪感的教育途径

民族自豪感的教育在高中思政课中仍旧具有重要的作用,不仅关乎国家与民族的未来发展,也关乎学生个人的成长。民族与国家相比是一个更大的范畴和概念,将个人发展与民族发展联系在一起,是将个人置身于中华民族发展的历史长河中,是将个人发展设定于民族发展的历程中。

民族自豪感教育可以将思政课堂内容与国家、民族命运联系起来,促使学生在学习历史振兴、民族发展的知识体系中,深刻理解知识体系背后的思想内涵和价值意义,能够更加深刻地认识到民族文化的丰富性和独特性,从而增强对国家和民族的归属感。利用国旗下演讲"我与民族同呼吸",讲述对中华民族的深情厚谊;通过对中华艺术宫《清明上河图》等场馆探究,使高中生能够深刻地理解中华民族的历史发展场景和生活习惯,点燃学生对民族的崇爱之情,为未来的学习和生活中学生更加积极地投身国家和民族建设蓄力助行。

中国有着丰富多彩的传统节日,各民族有共同的节日,也有各民族自己的节日,在历史长河的推进中,节日所带来的衍生食品也是层出不穷的。高中思政课教师通过组织学生参与这些节日的庆祝活动,让他们在实际体验中感受民族文化的魅力。例如,学生可以参与制作传统节日的食品、学习传统节日的风俗,还可以在课程学习过程中引导学生思考传统节日在当代社会的价值和意义,对于高中阶段学生,围绕构建民族命运共同体意识,开展民族文化"异"与"同"的议题讨论,进一步理解民族命运共同体的时代意义和价值。

民族自豪感的教育要将学生置身于民族发展的历程中,置身于历史发展的情境中,优秀的影视作品将拉近学生与民族学习对象的距离,例如电影《长安三万里》利用动画的形式和动人的故事,展现唐代诗词文化的魅力,在观影中,深刻感受中华优秀传统文化的博大精深,感受中华民族悠久的历史文脉。独特的诗词艺术带领学生穿过时空的长廊,走进文化繁盛的唐宋时期,民族自豪感油然而生。

民族的自豪感源于民族具有强大的凝聚力。在高中思政课中,教师可以通过设置相关主题,引导学生进行议题式学习,例如在以中国四大发明为例的中华优秀传统文化学习中,设置主题为"中国古代四大发明的科技成就如何体现中华民族的创新精神"的学习内容。学生通过对古代科技成就对世界文明的影响的学习,思考如何从传统文化中汲取新动力,推动当代科技发展增强民族自豪感。

二、高中思政课培养学生创新精神和实践能力

(一)创新精神的激发策略

创新精神是在创新思维不断积累和推进中形成的一种精神品质。创新精神的培育不是一蹴而就的,是需要跳出原有的思维框架,在批判性思维、理性思维的引领下逐渐形成的一种精神品质。教师引导学生在真实情境中具有敏锐的洞察能力,并能在较短时间内发现问题所在,学生根据自己既定的解决重点,设计解决问题的方案。学生在任务驱动中思维力、沟通力、行动力得到应有的提高,同时通过问题引领鼓励学生在实践中不断反思和改进自身,从而形成一种积极的探索精神。学生在一种开放、多元的学习路径中寻求属于自己的解决问题的方案,教师提供适当的引导和支持,以有效的言语和教育资源激活学生的创造性,并能运用有效的评价肯定学生的创新精神。

在教师引领下学生整合不同学科知识,并实施综合应用和创新。这种学科之间的融合不仅能促进学生对研究对象系统性的理解,还能在学科融合过程中提升各团队的合作能力和沟通技巧。学生通过学科融合能够从多元化的视角去发现问题的解决路径,进而激发其创造性思维。教师在实施创新型教学时,注重选择具有挑战性和实际意义的学习主题,在激发学生兴趣和热情的同时,指导学生进行务实性的学习,提高学习内容的实际意义。

开展创新竞赛和活动为学生提供展示创意和想法的平台。[1] 这类竞赛活动不但能增强学生的自信心,还能提升其实践能力。竞赛在给予学生挑战的同时也带给学生更多创新的视角和解决方案的实践经历。通过参与竞赛,学生能够获得宝贵的实践经验,并在与同伴的竞争中激发更大的创新潜能。因此,思政教师应鼓励高中生积极参与各类创新竞赛,帮助学生从中汲取经验和教训,进一步提升其创新能力和实践水平,为其未来的发展奠定一定的实践经验基础。

(二)实践能力培养途径

高中思政课作为实践性课程,学生实践能力的培养是高中思政课的重要目标。通过各种各样的实践活动,学生能够在真实的情境中开阔自己的眼界,提升自己的认知。

实践课程为学生提供了在真实情境中应用理论知识的教育契机。通过在企业、场馆资源的实践体验,学生将课堂中学习的视角转移到实践活动的视角,从干瘪的文字叙述转变成动态的实践场域,学生除了"想""说",还要"做",还需要培育自身的实际操作能力,以及应对复杂问题的处理能力。

社会服务项目是一种较为常见的高中阶段实践课程。通过组织和参与社区建设与服务活动,学生能够在社会实践中锻炼解决问题的能力和团队协作的能力。例如春节期间前往敬老院教授老人古法编织技艺,不仅能近距离了解老龄化问题的社会解决方案,也能直观地了解社会在养老护老方面所做出的努力。每一次的社会服务也能引发学生的思考,如何尽自己所能为老人改善生活设施,营造更加幸福的晚年生活是社会服务项目带给学生的新课题、新思考。

创新实验和科研项目为学生提供了探索新方法和新思路的机会。在实践中,学生被鼓励进行自主探索和创新,提升其科研能力和创新意识。这些项目通常要求学生独立思考,设计实验,收集数据并进行分析,从而得出结论。在此过程中,学生不仅锻炼了科研技能,还培养了创新思维和探索精

1　白瑞婷,周敏星,马倩.高校思政课教学与中华优秀传统文化融合研究[M].北京:线装书局,2024.

神。通过实际操作,学生能够更好地理解理论知识的应用价值,并在不断实验中激发创造力和解决问题的能力。

三、高中思想政治课培养法治思维参与法治实践

(一) 法治思维的培育方法

根据教育部、司法部、全国普法办关于印发《青少年法治教育大纲》(2016年)的相关要求,高中阶段学生要具备一定的法治素养,树立法治意识,增强法治观念,科学理性看待权利与义务的辩证关系,因此法治思维的培育至关重要。法治思维是以法治理念和法治精神为指导,运用法律规范、法律原则、法律逻辑方法思考和处理问题的思维方式。包括树立宪法至上理念、坚持平等原则、坚持权利与义务相统一原则,养成依法办事的习惯,培养法治意识与法治情感。

有效利用高中思想政治课教材《政治与生活》《法律与生活》中的法治内容系统讲解法律知识。创设真实情境,在情境中让学生初步掌握一定的法律知识,构建法治体系,在教学过程中可采用两难问题的研究方法,创设贴近学生实际的议题,引导学生通过小组讨论,分析辩论,培养学生具有批判性思维能力,从而培养法治思维。

利用多媒体教学,将抽象的法律知识直观化、生动化地呈现在学生面前,增强学生学习兴趣,引入一些法治热点话题,增强学生法治生活的现实感和直观感。

构建法治教育大课堂,在充分利用课内教育资源的前提下,有效开拓课外教育场域。通过校园宣传栏、班级板报、法治主题教育课等形式,有步骤、有方法、有层级地推进法治教育。学校可以在家长与学生中构建交互式法治教育氛围,形成家校共育的良好局面。

(二) 组织开展法治实践途径

在法治实践过程中,模拟实践和角色扮演是提升学生法治分析能力和法治意识的有效方法。通过在特定情境下进行模拟,学生体验不同角色的权利和义务,增强模拟实践真实性和针对性。在模拟过程中,学生需要快速

做出决策,面对突发情况时保持冷静,并进行有效的沟通与协调。在法治扮演、法治分析情境体验中,学生的法治意识不断增强,法治精神得到进一步贯彻和落实。

法治志愿服务是一种在高中阶段开展的、非常有效的法治实践活动,充分根据高中生社会实践的相关学分要求,组织学生前往法律援助中心,作为法援中心的引导员,在法治社会情境中,了解他人的法律故事,了解我国法治体系以及法治机关的工作职能。在沉浸式法治教育中,在帮助别人解决法律困难中,亲身体悟法治社会的时代意义和社会价值。

四、高中思政课培育学生的道德素养与社会责任感

(一) 道德素养的培育方略

道德素养是关乎学生个人持续发展的重要品质,也是社会和谐发展的精神支持。高中的思想政治课与初中的道德与法治课相比更注重思想政治领域的教育指导,但无论哪个学段,"培养一个怎样的人"始终是高中思政课的核心议题。教师是知识的传授者,也是思想的引领者,更是学生道德素养的缔造者。教师自身的道德素养会影响学生道德素养的形成和发展。思政课教师更是学生道德素养塑造进程中的"榜样"。因此,教师要做好自身道德素养培育规划,在教育的新征程上以"于漪教育家精神"的核心要义指导自己的教育工作,将"教育家"身上的可贵精神通过学习转化为自身的职业道德与教育信念,教师要言传身教,用自己的教育行为感动学生的学习行为,用自己的教育理想撬动学生的人生思想,用自己的教育情感拨动学生的学习情感。

引导学生在实践活动中提升自身的道德素养。杜威"做中学、学中做"理念讲述在实践中学习知识、在实践中学习技能,同时也强调在实践中能够提升道德素养。实践活动本身能够营造良好的道德环境,实践活动将学校教育与社会教育形成有效的共建关系,学生在实践活动中能够了解社会的运行准则,能够了解实践活动中身边人、身边事所折射出的良好道德品质。这些优秀的教育素材能够成为学生道德素养培育的"引路者",学生能够在亲历体验中进行社会公益实践活动,在社会交往中学习道德规范、遵守道德

规范、培育道德情感、践行道德行为。

面对高中阶段学生，道德素养在不断反思与甄别中才能真正提升。与小学、初中阶段的学习不同，高中阶段的学生已经有了对道德的自我认知，形成了一定的道德观念。要提升道德素养，需要创设道德冲突情境，让学生在道德思辨和道德剖析中提升道德认识。

（二）社会责任的培养方式

社会责任是个人道德素养发展到一定阶段的内在要求，是一种较高层次的道德要求。社会责任同社会角色联系在一起，每一个社会角色背后都肩负着一定的社会责任。社会责任根据法律与道德两个层面的规定有着不同的内涵与意义，法律层面的社会责任是一种在法律强制规定下的责任规定，道德层面的社会责任是一种在伦理道德层面下的责任意识的确立。

高中思想政治必修 3《政治与法治》第三单元《全面依法治国》就有讲述法治国家、法治政府和法治社会的相关内容。这些内容聚焦国家、社会与个人的角色定位，规定不同层面角色主体的责任内容。从道德层面上来看，高中阶段责任意识是建立在公民的社会生活、公民的家庭生活、学生的校园生活中以及中华优秀传统文化的传承中的。

社会责任是一种"应然"形式下的思想意识与行为意识的综合反映。实践活动是培养学生社会责任感的有效途径。通过组织学生参加公益类、环保类的实践活动，例如光盘行动的社会公益调查，粮食安全的社会宣传行动，社区职工驿站的职业登记，慈善超市的慈善捐物等。学生在实践活动中了解不同职能部门社会角色的分工以及承担的社会责任。从他人的默守职责和岗位中学习坚守初心和实现理想信念的坚韧精神，从他人对公益的热爱和无私付出中，理解公益情怀的社会担当，从他人勇担责任的事例中，点燃自身的责任思想，树立自我的责任意识。

"传承""弘扬"两词明确中华优秀传统文化在新时代的发展方向，赋予国家、社会、个人三个层面具体肩负的"中华优秀传统文化"的责任内容。高中思政课可以利用课本中有关"中华优秀传统文化"的学习内容，通过"中华文化被无故占有、掠夺"的事例，拨动学生责任心弦，激发学生的家国情怀。

第三节　中华优秀传统文化与高中思政课的内在联系

一、中华优秀传统文化是高中思政课的重要教学资源

(一) 中华文化经典读本的教育价值

纵观统编版教材涉及的中华优秀传统文化的内容,教材介绍了中华优秀传统文化主要内容、核心思想,但没有详细讲述中华优秀传统文化某一方面的形成过程和典型事例。中华文化经典读本作为学习中华优秀传统文化内容的有效学习资料,能够系统、全面、准确地为学生提供中华优秀传统文化故事。丰富的思想智慧蕴含于故事中,学生的思考与探索的学习能动性被激发,批判性思维习惯在阅读中得以培养。

高中思政教师将中华文化经典读本推荐给学生,帮助他们在历史与现实的对比中发现问题、思考问题,形成自己独特的见解。此外,中华文化经典读本中蕴含的道德品质为高中思政课"立德"提供良好的价值参考。中华传统文化思想在经典读本中被学习、被了解,学生的价值观和人生观被浸润、被感化。学生在启迪中成长,在思想进取中培养责任心,为实现自身价值积蓄更多的学养。

生动的故事和人物塑造在经典文化作品中被学习,能够增强学生的情感共鸣,提升高中思政课的吸引力和感染力。在教学过程中,将抽象的责任与道德融入具体的故事和人物,为社会责任与道德观念贴上情境性的印记,使学生能够具象化地理解责任与道德的内涵。与此同时,经典文化作品中蕴含的哲学思想为高中思政课提供深厚的理论基础。哲学思想不仅提升学生对自然和社会的认识,启迪学生对人生意义的深刻思考,而且有助于学生在今后面对复杂社会问题时,能够从容应对,并做出理性分析和正确判断。

（二）传统文化素材的应用价值

中华优秀传统文化以其丰富的素材为高中思想政治课教学提供了多样化的选择和深刻的内涵。传统文化故事的引入是较为常见的教学手段。通过具体角色与生动的情节再现，在吸引学生注意力的同时，增进学生对传统文化的了解，并在潜移默化中增强他们的情感认同和道德判断能力。在课堂中，教师可以通过讲述这些故事，引导学生从中汲取道德力量，形成积极向上的价值观。

在高中思政课中，传统文化中的名言警句也发挥着重要教育作用。凝聚古人智慧的言辞，能够帮助学生快速掌握和更好地理解词义，提升学生的道德素养和思想认知。诸如"己所不欲，勿施于人"这样的警句，是对个人修养和社会责任的深刻阐述，也是一种道德行为的准则。学生能在名言警句中丰富学养，提升行为认知与情感认知；名言警句也能帮助学生在纷繁复杂的社会中，以个人之言为训，找到自己正确的立场和发展方向。

高中思政课从中华优秀传统文化礼仪和风俗入手，培养学生行为规范意识和社会规则意识。在传统文化交往礼仪中包含的"不矜不伐""卑以自牧"的谦逊之道，"晨昏定省""孝悌为本""舐犊情深"的尊老爱幼之理，都能成为构建和谐社会的文明基石。在传统风俗方面，教师可以通过创设模拟风俗情境，让学生亲身体验中华优秀传统文化风俗，例如"贴春联""守岁""踏青插柳""佩香囊"，从行为体验中感受中华优秀传统文化的精神内涵，对学生在当今社会生存和社会交往方面，具有良好的启发意义和正向的指导意义。

书法、绘画等传统文化艺术形式也为高中思政课增添了丰富的教学手段、独特的审美价值和深厚的文化底蕴。在教学课堂中，教师通过展示和引导学生体验诸多中华传统艺术形式，使学生在体验中提升审美力，增强文化自信力。学生在书法练习中不仅能起到启智育人的作用，而且能让他们在书法练习的熏陶中陶冶情操，在快节奏的生活中帮助他们找到内心的平静。

（三）传统文化精神的感染价值

中华优秀传统文化根深叶茂，底蕴深厚，是中华民族的精神之根、文化之魂。自强不息,厚德载物,这是中华民族的脊梁与胸怀。从大禹治水的坚毅果敢,到勾践卧薪尝胆的忍辱负重;从愚公移山的矢志不渝,到司马迁忍辱著史的壮志豪情,自强不息的精神激励着华夏儿女在困境中奋起,在挫折中前行。而厚德载物更是中华民族的宽广胸襟。孔子的"仁者爱人",孟子的"民为贵","六尺巷"里的谦让包容,都彰显着以德为先、以和为贵的高尚品质。

实事求是,知行合一,这是中华民族的智慧与担当。从河间献王的"实事求是",到王阳明的"知行合一",古圣先贤们用严谨的治学态度和笃行的实践精神,为后世树立了榜样。他们既仰望星空,追求真理,又脚踏实地,践行所学,以智慧和担当书写了中华文明的辉煌篇章。这些精神,历经岁月洗礼,越发闪耀光芒。在新时代,我们当传承先辈遗志,以自强不息铸就民族脊梁,以厚德载物涵养家国情怀,以实事求是追求科学真理,以知行合一践行时代使命,让中华优秀传统文化在新时代绽放出更加璀璨的光芒。

高中思政课是培养学生文化自信的重要阵地。中华优秀传统文化中的自强不息、厚德载物、实事求是等精神历经千年沉淀,是中华民族的精神基因。通过高中思政课的系统讲授,诸多精神的历史渊源和深刻内涵从历史尘埃中被学生获知,在学习中增强对本民族文化的认同感和自豪感。例如坚毅果敢的大禹治水、司马迁忍辱著史的壮志豪情,学生从人物故事中深刻感受中华文化生命力之强大,进而筑牢他们的精神根基。

"仁、义、礼、智、信"一直被中华优秀传统文化所传扬,这些道德准则与高中思政课中的价值观教育契合度较高。例如"六尺巷"的故事体现了宽容与谦让的美德,愚公移山则展现了坚韧不拔的毅力。思政课融入传统美德教育,能够帮助学生树立正确的道德观念,培养良好的行为习惯;激发学生的道德情感,引导学生在日常生活中践行美德,塑造健全人格。

中华优秀传统文化中的"知行合一"等理念,强调理论与实践相结合,注重理性思维和实践能力的培养。传统智慧引入高中思政课,引导学生树立科学的思维方式,提升分析问题和解决问题的能力。"知行合一"思想,能够鼓励学生将知识转化为实际行动,鞭策学生在学习和生活中始终坚持言行一致,保持始终如一的言行品质。

二、高中思政课传承中华优秀传统文化的重要途径

(一)读中华文化经典著作 实现文化渗透

通过课程内容的文化渗透是传承中华优秀传统文化的重要途径。课程内容由校内的教材内容与校外的"大思政课"内容相结合。中华文化经典著作通过在高中思政课中有效融入,帮助学生系统理解中华优秀传统文化的精神内核,学生在潜移默化地学习他人事例经验中得到启发,形成自我正确的价值判断和价值选择。仁爱、忠恕等思想,能够有效地引导学生树立正确的人生观和价值观。著作的研读不仅使知识得以传递,更是使中华优秀传统文化精神得以传承,中华文化的深厚底蕴和独特魅力正逐渐地被学习着、感受着、传承着、弘扬着。

高中阶段的学生在过去的学习和生活中已经具备一定的伦理道德观念和价值判断。中华优秀传统文化中蕴含的伦理道德观念通过分析、探究的推进,能够成为学生形成正确价值判断的有效依据,成为净化内心、克己复礼、以德化人的强大思想武器。中华优秀传统文化中蕴含的"为政以德""礼义廉耻""忠孝节义""守望相助"能够为今天所营造的"以文化人"德治文化氛围提供深厚的文化积淀和有效的指引。

(二)践传统风俗 跨域中实现文化渗透

中华优秀传统文化的节日和风俗,是校本课程中较为常见的教育内容,也是高中思政课使课堂教育得以延伸的有效教学方式。传统文化与传统风俗具有直观性、趣味性、可操作性的特点,得到学校教育的广泛采用。高中阶段如何运用好节日与风俗,除实践、体验之外,需要引领学生更深入地探究文化根源,追溯风俗演绎过程。在高中思政课中,节日和风俗可以作为教学的情境,学生能够更深入地了解中华文化的独特性和多样性。节日和风俗能够成为学生运用跨学科学习的学习对象,跨学科学习能促进高中生进一步学会自主融合不同学科知识,综合运用多种学科知识进行学习和探究,激发学生更深层次的民族自豪感和民族自信心。

（三）探哲学思想　实现文化渗透

中华优秀传统文化中的哲学思想博大精深，以百家思想铸就中华民族精神基因，造就了中华民族的独特民族品格和文明韧性。在高中思政课的教授过程中，运用儒家"老吾老以及人之老"的差序之爱讲述家庭中敬老准则；运用道家"祸兮福所倚，福兮祸所伏"讲述马克思主义哲学中的矛盾转化，理解辩证关系；运用墨家"兼爱非攻"的反对强权思想来讲述人类命运共同体的重要内容，学生在了解中华优秀传统文化内涵的同时，更全面地理解当代社会问题和世界格局问题，培养其批判性思维能力。这种能力为学生终身学习和发展奠定基础。

（四）树艺术素养　体验中实现文化渗透

传统文化艺术形式被高中思政课引入，在丰富教学手段的同时，提升学生的审美能力和文化自信力。书法、绘画、音乐在传统文化艺术形式中具有极高的艺术价值和审美意义。在高中思政课中，运用艺术形式进行欣赏，组织具有艺术特长的学生进行实践，学生在提升自我自信的同时也逐渐提升对中华优秀传统文化的自信。面对多元文化和价值观，学生能够坚守文化自信，在全球化的背景下有序地传承和弘扬中华优秀传统文化。

此外，通过多样化的教学方式，如角色扮演和情景模拟，能够增强学生对传统文化的参与感，促进其对文化的认同与传承。角色扮演和情景模拟等教学方法，通过互动和体验的方式，让学生在学习中感受到传统文化的魅力和价值。这种参与式学习不仅提高了学生的学习兴趣和积极性，也让他们在体验中加深了对文化的理解和认同。这种教学方式的创新，是思政课教学改革的重要方向，有助于实现传统文化的活化传承。

三、中华优秀传统文化与高中思政课的价值观契合点

在历史的发展脉络中，中华优秀传统文化是璀璨明珠闪耀智慧之光，承载民族之魂，它穿越千年，以深邃思想滋养心灵，以独特魅力引领时代，成为实现中国梦的精神灯塔。高中思想政治课是高中阶段学生思想政治教育的主阵地，该门课程照亮着高中生灵魂的航道，筑牢信仰之基，贯穿于教育的全过程，

以科学理论启迪智慧,以价值观念塑造品格,成为学生成长道路上的坚实指引。笔者探究中华优秀传统文化与高中思政课在内容上的契合点,见表2。

表2

中华优秀传统文化价值观	高中思政课价值观	契合教育点
家国情怀	爱国主义	两者都强调个人与国家的紧密联系,倡导高中学生将个人理想与国家命运相结合
仁爱精神	社会责任感	两者都强调人与人之间的和谐关系,倡导高中学生成为有爱心、有责任感的社会公民
诚信守义	优秀道德品质	两者都强调道德修养的重要性,引导高中学生树立正确的价值观和行为准则
自强不息	奋斗精神	两者都强调个人努力和奋斗的重要性,激励学生为实现目标而不断努力
民本思想	人民立场	两者都强调人民的主体地位,引导学生树立为人民服务的意识
知行合一	实践精神	两者都强调理论与实践的统一,引导学生做到学以致用
尊师重教	教育价值观	两者都强调教育的价值和意义,引导学生珍惜学习机会
天人合一、道法自然	贯彻新发展理念(绿色发展)	两者都强调树立生态整体观与系统思维,培养高中生尊重自然、敬畏自然的价值观
公平正义("不患寡而患不均""法不阿贵")	法治精神	两者都强调公平正义的重要性,引导学生在遵纪守法的同时,树立法治观念

(一)理念相承　价值同源

中华优秀传统文化与高中思政课在核心价值观方面具有深刻的契合

性,都具有价值引领作用。例如中华优秀传统文化中,儒家思想强调的"仁爱"与高中思政课倡导的社会责任感相契合。仁爱思想强调人类社会之间的相互关爱与互助,赋予高中思政课优秀、典型的责任案例。学生能在关爱他人、善待他人的文化熏陶中,在友善的社会关怀下,在潜移默化中培养学生友善的核心价值观和处世观。两者相互融合能提升学生的人文素养,培育学生社会责任意识,使其在日常生活中关心社会公益,积极投身社会公共服务之中。

高中思政课中,国家层面的和谐价值观与中华优秀传统文化中的"和谐"思想有一定的联系。中华文化历来推崇"以和为贵""共存共生"的思想,强调在历史发展进程中遵循人与自然、人与社会的和谐共生。高中思政课通过对和谐社会的深刻阐述,教会学生正确看待个人与集体、个体与社会之间的相连关系。帮助学生理解个人离开国家和社会的整体将举步维艰的深刻道理,帮助学生树立正确的集体观念,激励学生在国家、社会的整体氛围中投身社会主义现代化建设,秉承"和而不同"的思想理念,成为城市建设的参与者和贡献者。

中华优秀传统文化中的诚信观念与高中思政课对道德层面的教育形成共鸣。诚信是中华文化的传统美德之一,也是现代社会道德的基本准则。高中思政课,通过对"同仁堂"等公司诚信原则的讲解和案例分析,帮助学生理解诚信在个人成长和社会交往中的重要性。日常教学课堂中融入诚信教育,学生不仅能更好地理解和践行诚信原则,还能在社会交往中赢得他人的信任和尊重。这种教育方式有助于学生将诚信这一道德品质提升为一种道德信念,使其在未来的社会生活中成为践行诚信、传承诚信之人。

中华优秀传统文化中的"以德修身""知行合一"与高中思政课中倡导的自我提升价值同源,中华优秀传统文化中包含多种劝导别人磨炼意志、提升精神境界的道德要求。"吾日三省吾身""慎独"都表达了人在成长中要学会反思、要学会始终严守道德,是一种对自我言行的内在要求。高中思政课对自我提升的倡导主要集中在"价值观"层面,倡导在自我劳动、实现奉献中去实现和创造属于自己的人生价值,古训中的修身之道是对现代学生言行的规劝,是对现代学生有效人生的启迪,古训中方法论的传授教育学生能够更加自觉地进行自我反思和自我完善,积极追求个人价值与社会价值的统一。学生道德素养和行为素养的全面提升,不仅有利于自身的发展,也有利于为国家培养更多的人才。

(二)互促共进 协同成长

中华优秀传统文化融入高中思政课,价值观教育的互补性显得尤为重要。中华优秀传统文化蕴含着丰富的伦理道德观念,这些观念与高中思政课强调的现代社会的价值观形成互补关系,能够共同促进学生的道德认知与实践能力。传统文化仁爱思想"克己复礼为仁"提倡依靠自我内省,实现道德自律。高中思政课强调现代社会的法治规范与道德规范并行共治,现代社会讲究的规则意识和法治意识与传统文化中强调自律、自省的道德品质,共同帮助学生成为知书达理之人,尽早成为社会主义合格的接班人、建设者。

高中思政课强调的现代价值观与传统文化中的伦理道德观念相辅相成,帮助学生建立更加全面的价值体系。在高中思想政治教育中引入中华优秀传统文化,能够丰富学生的情感体验,促进其对社会和他人的关怀与理解。这种情感体验不仅体现在对传统文化故事和人物的感知中,也反映在对现代社会问题的思考和解决中,学生通过这种情感体验的丰富,能够更好地理解社会责任,增强他们在社会中的适应能力。

中华优秀文化讲究由自身到国家的发展顺序,"修身、齐家、治国"是一种由个人到集体的发展过程,由内向外的顺序。如在高中思政课讲授《基层群众自治制度》时,可以先了解基层群众自治制度的内容本身,再引导学生参与社区的实践体验,是一种由外部学习传向自身内部的体验和感悟的过程,不同的学习顺序让学生从内外交错中、国家和个人的相互关系中找到自身正确的发展方向。

中华优秀传统文化中的范仲淹"义田"善举,购买千亩良田用于赡养和救济族人。与高中思政课邻里互助有一定的相似度。但古人范公只是对宗亲、宗族进行友善的接济和帮助,而高中思政课在讲述对外交往时,以"人类命运共同体"作为中国外交的核心思想,以大国勇于担当的精神进行对外开放。中华优秀传统文化与思政课的有效互补,打开学生的思想格局,以大格局、大作为、勇担当的精神投身国家和社会的建设中,共筑美丽新世界。

四、高中思政课对中华优秀传统文化现代转化的推动作用

(一) 教育引导文化创新

对中华优秀传统文化的创新是学生的自主创新,但更多是在教育引领作用下实现创新。在高中思政课,通过教师的课程设计将中华优秀传统文化的诸多元素整合在课程中,学生的学习兴趣被激发起来,更加愿意主动参与到高中思政课的学习和讨论中。汉服带入课堂点亮思政课的教学气氛,学生在浸润式的角色扮演中与历史对话、与文化共鸣,从汉服的"上衣下裳"的结构中分析其中蕴含的"天人合一"思想。

教师可以启迪学生思考汉服作为中华传统服饰的新用途。思政教师可以根据高中教材中发展新型产业促进发展新动能为背景,引导学生进一步思考"汉服 +"的未来发展道路。同学们根据已有的生活经验,结合自己的创业梦想,为汉服的新发展设计了多条"汉服 +"的发展路径。有的学生将汉服的利用场景进行有效拓展,将汉服服饰元素与现代服饰进行有效整合,在现代服饰中加入汉服的局部元素;将汉服与运动品牌、电影 IP 进行合作实施换装。有些同学进行汉服文化再叙事,与某知名国际服装品牌合作,推动极富东方美学的汉服走向世界。有些同学将汉服与生态可持续产业进行融合,发展汉服流转产业(二手使用)、汉服活化产业(文创产品)开发。

运用新的学习方法拓展思政课文化创新新途径。高中思政课可以鼓励学生进行传统文化的研究与创作,培养学生创新能力和实践动手能力。在学习中,学生通过小组合作,根据自己的兴趣选择研究课题,深入探究传统文化的某一方面,并通过实际操作进行创作。学生的动手能力在学习中得以提升,团队的协作精神和实际问题的解决能力也得以培养。学生在学习中从被动的接受者,转变成为积极的参与者和创造者,能够在实践中体会到文化创新的乐趣和挑战。

高中思政课,教师运用新的学习方法能够引导学生将传统文化用于解决现代社会问题中,促进多元视角的思考与多样化解决方案的提出。师生在围绕既定主题的前提下,可以进行专题讨论、实施分工,将思政课与语文、数学、物理、地理、历史等学科进行有效的学科融合,以解决实际的问题。在文化创新方面,思想政治课可以与语文、数学、艺术、计算机等学科进行有效的融合,对文化创新中某一主题进行综合分析和思考,确定创新的路径和实施方案。这样的学习不仅能够应用于多种学科知识,而且能够培养学生在未来的学习和生活中更好地应对复杂的问题和挑战。

教育引领文化创新是聚焦书本知识的再应用。对思想政治课教育而言,主要落实思想教化和思维拓展的内容。高中思政课可以让学生利用课堂所学知识,围绕中华优秀传统文化这一主题,将书本知识应用于文化产品的策略创新中。

教育引领文化创新是文化创新意识的培育过程。“创新”是当今社会发展的新热词。“创新”作为一种思维习惯,需要教师引导学生在日常生活和学习中养成。教师要利用多种教育情境培养学生的创造性思维。高中思政课要将科学精神作为学科培养的目标,教师要引导学生学会思考、学会创新、学会应用。

教育引导文化创新是树立文化自信的教育过程。文化自信是对“文化”的自信,也是对“人”的自信。高中思政课“立德树人”的学科任务决定了要与树立文化自信结合起来,在思政课中践行文化创新为树立文化自信注入活力与动能,文化自信也为文化再创造提供底气与方向。

(二) 文化传承的现代化路径

中华优秀传统文化融入高中思政课,需要探索文化传承新路径以应对现代化的需求,推动中华优秀传统文化在创造性转化与创新性发展中实现再传承和再弘扬的历史使命。现代化的路径并不是简单的再现,而是通过现代科技和教育手段的结合,使传统文化焕发出新的生命力。现代科技手段,如手机移动应用和数字化平台(三个助手等),为传统文化的主题教学提供新途径。通过现代技术手段,可以实现动感化地传播与学习中华优秀传统文化,通过人机互动,增添学习的参与感和互动感,在数字化学习中,学生通过人机交互加深对中华优秀传统文化的理解和认同。

现代科技的应用为文化传承提供新的可能性。教师为创设沉浸式学习体验,运用虚拟影像技术(VR)资源,让学生更直观地感受传统文化的魅力。VR 影像技术不仅是通过虚拟影像技术进行中华优秀传统文化知识的传递,而且是一种创新型的文化体验。学生通过这种方式可以身临其境地感受文化场景,理解文化故事,体验文化传统工艺,在激发学生对传统文化的求知欲望时,更能激发高中生的理性思维品质,加深其对传统文化的理解,并能在一定程度上帮助学生在文化创新道路上找到新的灵感和方向。

实践性体验活动是学生较为欢迎的学习形式,也是文化传承的重要路径。通过中华优秀传统文化的游园会,学生沉浸在传统文化营造的氛围中,以情境教学带动情感教育。通过传统文化场馆的参观研学,学生以拓宽视野、拓展知识面、深度学习为目标,亲历研究场馆中某一主题文化资源。实践性体验活动拉近学生与文化之间的空间距离,学生在"践"中学习中华优秀传统文化,弘扬中华优秀传统文化,更在"悟"中感受中华优秀传统文化的魅力和价值。

此外,通过高中阶段学生自发成立的课外活动组织社团,激发学生主动探究中华优秀传统文化的学习热情。社团为学生营造一个自由探索和实践体验的学习空间,学生进行自主学习和创新实践。通过社团活动,学生不仅能自主选择感兴趣的文化研究方向,而且在一段时间的学习探究中形成文化研究的阶段性成果,推进传统文化在学生视角下的传承与发展。

学校作为教育的重要场所,肩负着教化和培育的功能。学校作为教育场域,推进文化传承的途径从课程出发,运用一系列学习方法,实践文化传承的过程,培育文化传承的责任感与使命感。学校开展文化传承,可以结合学校所处的地方特色与历史文化背景,组织独具地方特色的传统文化校本特色课程群,有步骤、有计划地推进中华优秀传统文化传承。

第四节　中华优秀传统文化融入 高中思政课的重要价值

一、充分发挥文化育人价值

（一）增强文化自信

中华优秀传统文化蕴含着丰富的哲学思想、道德观念和审美情趣教育资源，这些文化元素不但是中华民族的精神根基与文化灵魂，而且是中华民族文化自信的底蕴所在。将中华优秀传统文化融入高中思政课，能够帮助学生从理论高度理解中华文化的博大精深，从而增强学生对本民族文化的认同感和自豪感。儒家"为政以德"的德治思想，法家的"不法古，不循今"的法治创新精神，墨家的"兼爱非攻"思想，强调博爱、倡导和平共处，这些主张对国际关系的确立都有重要的影响。中华优秀传统文化主动性的融入，使学生能够将这些思想从书本转化为内心，从内心外化到行为中。

在高中思政课中，通过学习传统文化经典，了解更多传统艺术形式，理解更多的历史智慧。思政课上，对《论语》中"己所不欲，勿施于人"进行解析，为学生建立良好的人际关系，建立良好的生涯规划提供新的视野和策略。此外，利用社会大课堂资源，组织学生参观博物馆、文化遗址等，让学生在耳濡目染中感受传统文化的魅力。文化自信是文化发展的最高境界，它能够激发人们的文化创造力，推动文化的传承与创新，增强国家和民族的文化软实力。

文化自信是国家和民族发展的重要精神支撑，而高中思政课作为落实立德树人根本任务的关键课程，通过融入传统文化，能够有效引导学生在文化认同的基础上，从自身文化的深刻认知和主动担当中形成文化自觉，并能对自身文化进行反思和批判，逐渐建立文化自省，最后形成对自身文化的高度认同和坚定信念。

（二）落实思政课核心素养

高中思政课的核心素养包括政治认同、科学精神、法治意识和公共参与。[1] 中华优秀传统文化中的"天下为公""民为邦本"等民本思想，蕴含古人治国理政的哲学思想，为高中生树立正确的政治观提供了深厚的文化底蕴，学生从传统文化中汲取政治智慧，深刻理解中国共产党"以人民为中心"的发展理念，增强对中国特色社会主义道路、理论、制度和文化的认同感。中华优秀传统文化中"格物致知""穷理尽性"等观念，为科学精神的培养提供了深邃的哲学积淀。古人对事物本质的探究和对客观规律的尊重与马克思主义提出尊重客观规律的世界观和方法论一脉相承，通过学习传统文化理念，学生能够培育出理性思维和科学探究能力，学会运用科学方法分析社会现象。

中华优秀传统文化中法家思想"法不阿贵，绳不挠曲""刑无等级"等思想在体现法律面前人人平等之外，体现了对公平正义的追求。法家的"依法治国"思想，强调通过法律规范社会行为，维护社会良好秩序，为高中生理解中国特色社会主义法治体系的内涵和重要意义提供具象化的历史性情境，推进学生从传统文化中理解法治价值。

中华民族自古具有民族气节和社会责任感。"天下兴亡，匹夫有责"的豪言壮语强调了个人对国家和社会的责任，倡导"以天下为己任"的担当精神，这些可以为高中学生公共参与素养的培育提供丰富的精神资源。儒家的"为政以德"理念，从高中学生角度出发帮助学生理解政府的职能和使命，增强其对公共事务的关注和理解，从而更好地理解自身作为公民的权利与义务，积极参与到社会事务管理中，以主人翁态度投身社会主义现代化建设中。

（三）传承文化基因

文化基因是民族精神的根基。中华优秀传统文化基因浓缩了中华民

1　中华人民共和国教育部.普通高中思想政治课程标准[S].2017年版2020年修订.北京：人民教育出版社,2020.

族的延续力、生命力,如同流淌在中华民族身体内的血脉,历经数千年,成为民族根基,同时也是国家发展的精神源泉,不仅滋养了过去,也为当代中国的发展提供丰富的精神供养。面对多元文化的冲击,文化基因能够帮助每一位中国人在冲击中岿然不动,始终保持中华文化的文化自信和文化认同,始终坚守自己的文化根基,传承和弘扬中华文化的精髓。

仁爱和谐的文化基因有助于培养学生道德情感,促进社会和谐,帮助学生树立正确的道德观和价值观;家国情怀文化基因有助于激发学生的爱国热情,增强民族自豪感和责任感,通过融入高中思政课,对于学生系统看待个人命运和国家命运的辩证关系有重要作用。

诚信正义文化基因,可以帮助学生树立诚实守信、追求正义的道德准则,培养良好的公民素质;自强不息文化基因,帮助学生树立勇于面对困难保持顽强斗志的意志品质;天下为公文化基因,引导学生关注国家、社会的发展问题,勇担社会责任和使命;天人合一文化基因,帮助学生理解人与自然和谐共生关系,增强保护环境、永续发展的发展理念;革故鼎新文化基因,帮助学生培养批判精神,树立创新意识,培养实践能力;和合共生文化基因,在高中思政课中帮助学生理解中华优秀传统文化与其他社会主义先进文化相互融合的积极意义和重要作用。

二、推进高中思政课优化

(一)丰富教学内容,增强课程吸引力

高中思想政治课内容主要集中在政治理论和道德教育上,缺乏对其他领域的涉及。中华优秀传统文化的资源融入高中思政课,能够使思政课内容生动、具体,使课堂内容向纵深发展。例如中华优秀传统文化与高中思想政治课必修1、2、3、4册书可以有融合点。除了必修4有传统文化专题章节融入思政课之外(见表3),还通过格言、历史、故事、文物图片等文化载体融入高中思政课程中。

表3

高中思想政治课统编版教材	中华优秀传统文化成果	结　合　目　的
必修1《中国特色社会主义》第三课"改革开放"主题	"天下大同""协和万邦",以和为贵,亲仁善邻	论证变革和开放精神
必修1《中国特色社会主义》第四课"四个自信"	"民为邦本,天下为公"、为政以德、德主刑辅;选贤使能;协和万邦;讲仁爱、重民本……	为道路自信提供民意基础;为理论自信提供治理智慧,为文化自信提供价值支撑;为制度自信提供人才保障;为中国特色社会主义制度中的和平发展道路提供了文化支撑;为文化自信提供道德基础
必修2《经济与社会》"分配制度"主题	儒家强调"不患寡而患不均"	财富的分配应该注重"均平"
必修2《经济与社会》"共同富裕"主题	富民足君	国家在分配中的适度汲取,不与民争利
必修2《经济与社会》"市场经济"主题	《管子》"轻重论"《汉书·食货志》	揭示了市场交换中的价格机制和套利机会,对理解古代市场运作具有重要意义;研究古代市场和经济活动
必修2《经济与社会》"绿色"发展主题	天人合一;取之有度、用之有节;万物平等	实现人与自然的共生共荣、生生不息;强调自然界的物产资源是有限的,有节制地使用才能常保富足;为现代绿色发展中的生物多样性保护提供了重要的理论基础
必修2《经济与社会》"创新"发展主题	《周易》变易思想	认为宇宙万物处于不断变化之中,这种思想为创新提供了哲学基础
必修2《经济与社会》"协调"发展主题	"和合"思想;"仓廪实而知礼节,衣食足而知荣辱"	强调人与人、人与自然、人与社会之间的协调;中华优秀传统文化强调物质文明和精神文明的协调发展
必修3《政治与法治》"政党制度"主题;"协商"主题	大道之行、天下为公;朝议制度;谏议制度	正是天下为公的情怀、立党为公的境界,成为中国共产党与各民主党派长期团结合作的重要政治理念;朝议制度是中国古代协商议政的基本方式,对我国现代政治协商制度有值得借鉴的地方;谏议制度是古代民主制度

高中思想政治课 统编版教材	中华优秀传统 文化成果	结　合　目　的
必修3《政治与法治》 "以人民为中心"主题	民本思想	强调民众是国家的根本,只有民众安居乐业,国家才能长治久安
必修3《政治与法治》 "法治"主题	出礼入刑、隆礼重法; 慎刑思想;援法断罪、 罚当其罪;恤刑原则	强调在治理国家时应当将礼仪和法律结合起来;强调以德治国;强调法律的公平和公正;中国古代法律注重对弱势群体的保护,主张对鳏寡孤独、老幼妇残等弱势群体给予特别的关怀和保护
必修4《哲学与生活》 第三单元"文化传承 与创新"主题	诸多中华优秀传统文 化成果	中华优秀传统文化博大精深

除了正向的融入之外,对于传统文化中一些糟粕,通过课堂讨论与辩证分析,更进一步帮助学生深化认识,帮助学生理解历史与现实的联系,为现实问题提供智慧和启示,同时也培养高中生全面思维方式,促进中华优秀传统文化思想的再传承、再创新。

（二）创新教学方法,提升育人实效

中华优秀传统文化的融入为高中思想政治课带来了新的方法和手段。聚焦中华优秀传统文化是过去的文化遗产,如何顺应当代学生的审美需求和兴趣爱好,将过去的文化以现代的方式呈现出来,赋予思政课新活力是有效融入的关键点。在讲到创造性转化方面,把一系列数字技术与中华优秀传统文化结合的作品展现给学生,"零距离"的接触使学生在动感丰富的画面中与历史对话,与历史人物的智慧碰撞出思想的火花。学生不再是被动的知识接收者,可以成为那一历史时刻的"亲历者"。中华优秀传统文化的融入也让高中思政课从"小课堂"走向"社会大课堂"。博物馆、文化遗址成为教学的第二阵地,在激发学生学习兴趣的同时,更加丰富学生的知识储备,培养学生实践能力。

（三）推动理论创新,服务国家战略

党的十八大以来,党中央高度强调中华优秀传统文化对于中华民族伟大复兴的重要战略意义,将继承和发展中华优秀传统文化放在前所未有的高度,提出一系列新时代传承与发展中华优秀传统文化的新思想、新理念。中国共产党作为先进政党,在百年发展过程中,不断提升自身传承中华优秀传统文化的理论性、科学性,充分发挥中华优秀传统文化对中国特色社会主义现代化建设的推动和支撑作用。中国共产党凝心聚力、塑造价值共识,不断拓展中华优秀传统文化传播的纬度和经度。

树立传统文化观,坚持将中华优秀传统文化植根于中国特色社会主义文化体系中。中华优秀传统文化是中国社会历朝历代意识形态演变的结果,具有"前后相继的历史链条和一定的历史继承性"。[1] 中华优秀传统文化与社会主义先进文化先后生长于中国大地上,彼此有继承与发展的关系,要把握社会主义先进文化的前进方向,就必须弘扬中华优秀传统文化的核心理念和思想精华。社会主义先进文化引领当代高中生明确文化传承该怎么传、向哪里传的方向性。

马克思指出:"人们创造自己的历史,但他们并不是随心所欲地创造,并不是在他们自己选定条件下创造,而是在直接碰到的、既定的、从过去传承下来的条件下创造。"[2] 这既对中华优秀传统文化提出了传承的要求,又提出了中华优秀传统文化需要进行"创造性转化,创新性发展"的实践要求。中华优秀传统文化融入高中思政课,为中华优秀传统文化的"双创"发展提供了实践和创新的平台,高中思政课运用新颖学习方式成为"双创"的实践者。高中阶段是学生价值观形成的关键阶段,中华优秀传统文化融入思政课,丰富鲜活的故事,蕴含着深邃悠远的哲理,对高中生具有较强的引导作用和感染作用。

三、培养高中生历史使命感

(一) 传承自强不息的奋斗精神

中华优秀传统文化融入高中思政课,是对优秀传统文化的传承,更是对

1　马克思主义基本原理概论编写组. 马克思主义基本原理概论[M].北京:高等教育出版社,2015.

2　马克思恩格斯选集:第1卷[M].北京:人民出版社,2012.

历史传承使命的培养。自强不息的奋斗精神是中华民族精神之一。在高中思政课上激励学生传承自强不息的奋斗精神，要从自强不息奋斗精神的历史缘起讲起。高中思政课可以结合《哲学与文化》中事物的运动和发展，从《周易》提出人要效法天道，刚健不息，以永恒的运动为生存之道。自强不息是从宇宙的发展观延伸到人的动态生存观的一种精神表述。

从古人超越困难自主觉醒中学习自强不息的奋斗精神。司马迁忍辱负重坚毅著史；东晋祖逖逆境中清晨闻鸡鸣而起身练剑；元末王冕在困境中偷听私塾，终成诗画大师。古人的勤勉与坚毅能够成为学生可学习、可复制的榜样。在高中思政课中，教师通过鲜活历史人物推介，生动的历史故事讲述，引导学生辩证地看待"不息"精神对事物发展、个人成就的重要意义。

中国古代通过奉献精神展现自强不息的民族精神的实例可以融入高中思政课中。教师创设优秀情境，学生从他人身上感受强烈的社会责任感和为社会做贡献的意识。北宋著名文学家、政治家范仲淹"先忧后乐"的强烈社会责任感和奉献精神让人动容。墨子提倡"摩顶放踵，利天下，为之"，只要对天下人有利，就应该不遗余力地去做，哪怕是从头顶到脚跟都磨破了也在所不惜，这种无私奉献的精神令人敬佩。学生在感受他人故事的同时，也在重塑自我的价值标准，自强不息表现出的奉献精神能够激励学生成为有为之人、敢为之人、作为之人。

（二）汲取历史中的智慧与力量

学生历史使命感的培养是高中思政课的一项重要任务。从中华优秀传统文化中汲取历史的智慧与力量，帮助学生强化政治认同，建立文化自信。"穷则变，变则通"的思想教化可以用于高中思政课制度创新、战略创新、理念创新等内容的讲述。中华优秀传统文化中倡导的"天下为公""和而不同"的价值观与现代社会提倡的"家国情怀""求同存异"的价值理念相融合。中华优秀传统文化中"仁义"思想可以解决现代社会中家庭成员、社会成员的共处智慧问题。在培养学生国际视野中，将古人郑和克服百般困难下西洋的历史壮举与现代社会"一带一路"倡议相结合。在讲述法治国家建设中，从唐律疏议的立法智慧中汲取能为我国当代所用的立法观念和守法意识。

中华优秀传统文化中对奋斗精神的传颂，也能成为今天学生面临学业压力的重大动力问题。神话故事中的"愚公移山""精卫填海"，古代人物"孙敬系发悬梁""苏秦以锥刺股"都能成为现今学生勤奋学习、刻苦钻研的榜样。古人自我修正、自我完善的心理品质也能成为当今中学生自我疗愈的优秀心理品质。

经典故事中的道德教化，是当今中学生思想教化的生动教材。"孔融让梨"中的谦让精神，"曾子杀猪"彰显的诚信品质，"乐羊子妻"坚守初心的不懈精神都能对当代学生起到一定的道德培育和道德教化作用。道德教育的潜移默化，在学生心中种下一颗善意品质的种子，帮助他们走好未来的发展道路。

(三) 激发民族复兴的责任意识

中华优秀传统文化融入高中思政课，对激发学生民族复兴的责任意识具有重要价值。中华优秀传统文化中蕴含着丰富的精神资源，通过高中思政课组织学生学习，丰富的内涵被赋予了新的生命力[1]。通过英雄人物故事，学生们感受先贤们在历史上为民族大义而奋斗的坚定信念和不屈精神。"岳飞的精忠报国""文天祥的浩然正气""张居正勇担改革重任""戚继光英勇抗倭"，这些故事在感动学生的同时，更加激发学生树立为民族复兴而奋斗的理想，增强时代青年的紧迫感和使命感。这种使命感可以作为学生内心强烈的驱动力，促使学生在面对困难和挑战时，能够以更为积极和坚定的态度去应对。

在高中思政课中，分析和引导学生理解中华优秀传统文化对集体主义精神的表达，促使学生将个人价值的实现与国家和民族利益结合起来。"守望相助，疾病相扶"展现了中国古代农业社会民众相互扶持、集体劳作的智慧。"修身、齐家、治国、平天下"递进承接的关系更是为学生提供了一个思考个人与国家关系的视角。结合高中阶段教材内容，集体主义的教学在原有初中阶段"小我"与"大我"的关系上升到哲学层面的教学中。教师结合哲

1　马艳.中华优秀传统文化与高校思想政治教育融合研究[M].北京：新华出版社,2024.

学中"整体"与"部分"的知识、价值观的实现,与教学点相结合,引导学生们在个人发展过程中,始终将国家与民族的利益放在首位,在大局观和责任观的驱使下实现自己的理想和奋斗目标,走好未来发展的道路。

通过组织学生参与传统文化活动,增强其对民族复兴认同感的培育。通过参与这些活动,学生不仅能够亲身体验传统文化的魅力,还能在实践中加深对民族文化的理解与认同。这种认同感是一种深层次的情感连接,能够激励学生积极投身社会实践,为实现中华民族的伟大复兴贡献力量。在活动中,学生们通过合作与交流培养团队精神和社会责任感,这些品质对他们未来的成长和发展至关重要。

传统文化中的道德典范为学生树立服务社会的责任意识提供了丰富的素材。在高中思政课中,通过对这些道德典范的学习,学生们能够认识到奉献精神的重要性。教师可以通过具体的案例分析,引导学生思考如何在日常生活中践行奉献精神。这不仅是对传统文化的继承,更是对学生道德品质的提升。学生们在这种教育中,逐渐形成服务社会、关心他人的责任意识,这种意识将在他们的生活和工作中不断得到体现。

第二章

一体化视角：中华优秀传统文化融入高中思政课

第一节　大中小学思政一体化的
内涵及应用

学校是人思想塑造的重要场所,各学段的系统性教育如同阶梯,层层递进,为思想成长筑牢根基,从启蒙到深化,从深化到成熟,从成熟到升华,学校教育以循序渐进的方式,为学生的思想成长铺设坚定的通途。

中华优秀传统文化融入高中思政课,从文化涵养人的角度为中华民族伟大复兴培养具有"中国心""中国魂"的社会主义建设者和接班人。因此,大中小学思政一体化为中华优秀传统文化融入思政课提供了系统性、协同性、创新性的支持。

一、大中小学思政一体化的内涵

一体化是一个多维度概念,涵盖经济、社会、文化、技术多个领域,核心就是通过整合、协同的模式形成一个更加高效、稳定、可持续、可发展的整体。

一体化的概念最早起源于欧洲实践历程,在一定的区域范围内,主权国家超越原有国家的界限,通过一定的形式实现国家间在经济、政治、文化、军事等方面的合作与联合,形成新的共同体。"用一个声音说话"[1]体现主权国家在政治领域形成一体化的政治立场。一体化从国际关系领域增加主权国家的经济合作、文化交流,增强一体化区域的政治稳定与强大。从哲学角度看,一体化体现追求整体的过程,整体由部分构成,在追求整体的过程中,也重视主权国家作为部分的作用。一体化作为整体,有着作为部分的主权国家所没有的功能和作用。马克思说:"人们为之奋斗的一切,都同他们的

1　伍贻康,周建平,戴炳然,等.欧洲经济共同体[M].北京:人民出版社,1983.

利益有关。"[1]一体化目标是目标的最大化、各部分利益的最大化。

20世纪50年代欧洲成立经合组织（OECD）、欧洲煤钢共同体（ECSC）标志着欧洲一体化正式启动，随后又出现技术一体化等。20世纪70—80年代我国开始摸索区域一体化的发展模式，2005年长三角一体化上升为国家战略，2014年京津冀地区协同发展也上升为国家战略，区域一体化进入新的发展阶段。

大中小学思政一体化是指大学、中学、小学学段思想政治课的一体化。"科学研究的区分，就是根据科学对象所具有的特殊的矛盾性。"[2]大中小学思政课研究的教育对象是大中小各学段学生的思想教育工作，研究的对象是如何让大中小学的思政课能实现系统性、阶梯式的教育。小学、初中阶段"道德与法治课"、高中阶段"思想政治课"、大学阶段"高校思想政治理论课"构成了三个学段学生思想政治教育的系统性课程。教学目标、教育内容、教学方法、教育评价等方面的阶段性体现三个学段思政课课程体系的横向一体化。

马克思主义认为："内容是构成事物的一切要素的总和。"[3]思政课的内容是构成思政课一切要素的总和。思政课的教学目标、教育内容、教学方法等思政课内容是其总和。大中小学思政一体化是在大中小学段思政课实现有效衔接，课程设置上采用课程协同，保证三个学段的学生都能接受连续性、有深度的思想政治教育。教师之间采用协作机制，实现资源共享和优化；同时，强调大中小学思政课评价建立统一的标准和方法，实现对学生思想道德素养学业水平全面评价，是大中小学思政课内容的一体化发展。

中华优秀文化传承非一蹴而就，而是需要长期努力，学生对中华优秀传统文化的理解和认同要通过持续教育和熏陶，由浅入深地教育。从大中小学一体化视角将中华优秀传统文化融入高中思政课，以渐进式方式，系统性视角将中华优秀传统文化融入思政课，潜移默化地引导学生吸收文化养分，

---

1 马克思恩格斯全集：第1卷[M].北京：人民出版社，1995.
2 毛泽东选集：第1卷[M].北京：人民出版社，1991.
3 马克思主义哲学[M].北京：高等教育出版社，2009.

培养文化自信和民族自豪感。在高中阶段从一体化视角将中华优秀传统文化融入思政课承接初中阶段的教育成果，通过高中阶段的深化和拓展，使学生对中华优秀传统文化有更系统、深入的理解，同时为高校能系统地研究中华优秀传统文化、建立文化润心、铸魂固本奠定理论基础。

二、大中小学思政一体化特点

（一）整体性与系统性

大中小学思政一体化强调从整体上把握思想政治教育的系统性，将不同学段的思政教育作为一个有机整体进行统筹规划。它涵盖了从小学到大学的各个阶段，注重各学段之间的衔接与协同，形成一个多层次、全方位的育人体系。思想政治课内容一体化建设更加能彰显思政课的思想政治教育本质。[1]

大中小学从立德树人的整体视角出发，将不同学段的思政教育作为一个整体，始终贯彻教育"三问"，各学段教育目标体现一致性，均围绕培养合格的社会主义建设者和接班人展开。这种培养目标从国家治理现代化全局出发，服务于中华民族伟大复兴的战略全局。整体将中华优秀传统文化融入思政课，助力文化生态育人向纵深发展。

系统性要求在一体化整体视角下，各学段侧重不同学习方法，以最大的效能推进中华优秀传统文化融入思政课。小学阶段侧重培养学生对中华优秀传统文化的兴趣和初步感知；初中融入更多的中华优秀传统文化内容，以体验式学习方式感受中华文化的魅力；高中阶段在思政课中聚焦中华优秀传统文化内容开展解性学习；大学阶段在思想政治理论课中对中华优秀传统文化开展较为深入的研究工作。

（二）动态性与开放性

马克思和恩格斯指出："一切划时代的体系的真正的内容都是由于产生这些体系的那个时期的需要而形成起来的。"[2]体系需要顺应时代，教育体

---

1 张应平.大中小学思政课内容一体化研究[D].长春：东北师范大学，2022.
2 马克思恩格斯全集：第3卷[M].北京：人民出版社，1960.

系更需要顺应时代发展的要求。思政课能够根据社会价值观的变化,将传统文化与当代精神结合起来,使学生理解传统文化在现代社会的意义。同时,根据不同年龄段学生的认知特点和心理需求,思政课灵活调整教学方法和内容。从激发兴趣到研习传统优秀文化经典,再到研究中华优秀传统文化,分阶段、创动态、定目标,实现中华优秀传统文化融入思政课。

开放性主要体现在课堂广度和学习内容的深度上。大中小学思政一体化推动学校、家庭和社会资源的相互整合。学校与博物馆、纪念馆等场馆合作,开展实地教学和实践活动,让学生在真实情境中感受传统文化的魅力。小学学段通过"学故事、画故事、演故事"的方法,初中阶段采用"趣互动、引思考、践体验"的方式进行馆校合作,高中阶段以"研专题、探深入、自学习"的方式,大学阶段采用"研学术、践应用、自拓展"的方式。同时,推动文学、历史、哲学等多学科与思政课的融合,拓宽学生的学习视野。在思政课中融入古代文学作品、历史事件和哲学思想,使学生从不同角度理解中华优秀传统文化何以优秀、为何优秀。此外,新媒体平台和数字化资源的运用为思政课提供了丰富的教学素材和多样的教学方式。利用在线课程、短视频等,让学生在课后也能自主学习传统文化知识,增强学习的灵活性和趣味性。

(三)协同性和联动性

一体化视角助力各学段的课程设计与教学目标协同发展。在课程设计上,将中华优秀传统文化的内容系统地融入思政课的教学大纲和课程标准中,确保教学目标与中华优秀传统文化的传承和弘扬相一致,使中华优秀传统文化的核心价值观与思政课的教学目标相结合。

教学内容的选择和教材的编写协同推进,确保中华优秀传统文化的精髓能够准确、全面地融入思政课教材。一体化推进各学段深入挖掘传统文化中的思想观念、人文精神、道德规范等内容,并将其有机融入思政课教材的各个章节和知识点中,使学生在学习思政知识的同时,潜移默化地接受中华优秀传统文化的熏陶。

大中小学思政一体化可以建立各学段师资跨学段共享与联动机制,通过组织各学段教师共同参加培训,提升教师的教学能力和对各学段学情的整体把握。开展"同主题分学法"教研活动,不同学段的教师根据各自学段学生的特点,设计不同的教学方案,并进行课堂展示和交流研讨,从而拓宽教师的教学思路,提高教学水平。通过高校思政课教师与中小学思政课教师互动,指导中小学教师开展教学研究和课程开发,提升中小学思政课教学质量;同时推动高校的科研优势转化为教学实践的支持,使高校在课程的编写和研究的推进过程中知晓学生的认知规律和教学实际,提升课程与教材的科学性和实用性。

大中小学思政一体化联动性体现在教育资源的优化利用上,大中小学思政一体化中,学校与家庭不同学段之间的联动,使得教育资源得到充分整合与共享。这种联动能够打破传统教育中各学段之间的阻隔,实现知识的连贯性和系统性。不同主体可以共享资源,避免资源的重复建设和浪费。就中华优秀传统文化而言,联动性能很好地避免诸多文化资源重复使用或停留在同一教育维度使用。同时,在科研领域,跨学科、跨机构的联动合作,能够汇聚不同领域的专业知识和研究方法,推动科研创新和突破,推动教育的创新性能力提升。

三、大中小学思政一体化的应用

中华优秀传统文化是中华民族的根脉和神韵。思政课是中华民族精神和文化传承的重要载体,是点燃学生内心热爱祖国、勇担责任的火炬。因此,在小学、初中、高中以及大学的思政课教学中都有涉及中华优秀传统文化内容的教学环节。一体化的视角能够推动中华优秀传统文化更加系统地融入思政课教学。

近年来,随着对中华优秀传统文化的传承进程的加快,对中药材的关注度也日益提高。如围绕"铁皮石斛"这一中药材开展不同学段的思政课教学。

(一) 小学阶段：三年级下册《道德与法治》

教材分析：小学三年级的教材注重培养学生在生活背景下情感启蒙教育。通过生动的故事、图片和活动,引导学生学会了解和感受自然界的植物与人类生活的密切关系。

教学目标：

1. 了解铁皮石斛的形状和样态、地理生长环境和基本用途，以及在中华医药文化中的重要作用。

2. 培养学生对自然的兴趣和热爱，从小树立保护自然的意识，增强对中国医药文化和草药文化的自信。

3. 学习用简单、直接的方式表达对大自然的保护与敬畏，在实际行动中传承中华优秀传统文化。

教学内容：

1. 铁皮石斛浅识教育：教师通过播放动画、图片等形式，向学生介绍铁皮石斛的形态特征、生长环境和基本用途，促使学生对铁皮石斛有初步的认识。同时，通过相关科普视频介绍铁皮石斛历史发展渊源和在中医药文化中极其珍贵的药用价值。

2. 铁皮石斛制作教育：组织学生利用铁皮石斛草药制作衍生产品，如用铁皮石斛汁制作糕点，利用十字绣完成铁皮石斛的刺绣。在锻炼学生动手能力的同时，加深对铁皮石斛的了解。

3. 铁皮石斛故事教育：老师组织学生自主搜集与铁皮石斛相关的民间故事或传说，让学生在故事中感受铁皮石斛的文化内涵。

4. 实践活动：组织学生参观石斛种植基地，近距离了解石斛种植方法，增强对传统中药文化的了解。

教学过程问题：

老师提问："同学们，通过刚才的调研，如果石斛会说话，它会对我们说些什么呢？"

学生回答 1："它会告诉我们它喜欢与木头一起生活。"

老师追问："那我们怎样才能更好地保护铁皮石斛的生长环境呢？"

学生回答 2："我们需要准备一些木桶和青苔。"

老师总结："很好，石斛种植不但可以美化生态环境，而且还对健康养生有重要作用。大家回去可以试种，画一幅有关保护石斛的宣传画，让更多的人了解它、保护它。"

（二）初中阶段：九年级上册《道德与法治》

教材分析：初中九年级上册《道德与法治》中有关延续中华文化血脉的相关内容，要求学生关注中华优秀传统文化现象和理解文化内涵，通过案例分析、讨论等方式，培养学生坚定文化自信。

教学目标：

1. 通过相关资料的收集和查阅，了解铁皮石斛是健康中国的医药用途和中华优秀传统文化保护的价值。

2. 在保护生态环境过程中，树立自然保护意识。培养文化自信，增强对中华优秀传统文化的认同感和自豪感。

3. 引导学生思考如何在现代社会中传承和利用好石斛资源。

教学内容：

1. 石斛科普知识讲座：邀请中医药专家或石斛基地研究人员开展知识科普讲座，介绍石斛的由来、药用价值、现代提炼工艺等，介绍石斛现代种植技术是如何体现人与自然和谐共生的价值观的。

2. 石斛主题研讨：组织学生分组讨论石斛目前的保护性种植与现代利用措施，教师引导学生设置石斛实践体验探究活动问题。

3. 石斛实践探究活动：鼓励学生参与石斛的种植或保护活动，并拍照完成初步的探究任务，回校后进行分享交流。

创新性问题：

教师提问："请为石斛设计一个新的推广方案，请大家完成。"

学生 1："我们为石斛拍摄一个 VCR 短视频，传到相关的平台进行推广。"

教师回答："这个想法不错，那大家分组讨论一下具体的拍摄脚本。"

学生回答："我们组想编一个关于石斛历史发展进程中的小故事，展现石斛是如何被人发现和使用的。"

老师总结："很好，大家的设计构想对石斛的保护和利用都有重要的作用，大家在完成推广方案时要兼顾现代社会的需求，让保护方式更有趣。"

（三）高中阶段：必修4《哲学与文化》

教材分析：高中阶段的教材注重培养学生辩证的思维能力和对中华优秀传统文化的理解能力，通过理论学习和实践体验，引导学生深入探讨文化传承的社会现象和重大意义。

教学目标：

1. 提升学生对石斛传承和发展问题的辩证思维能力，正确看待石斛在现代社会中的意义和使用价值。

2. 探讨石斛产业的可持续发展及其对中华优秀传统文化的影响力。

3. 鼓励学生对石斛提出创新性保护与开发方式，促进传统文化的传承与发展。

教学内容：

1. 石斛的现代化生产分析：引导学生对石斛产业随现代科技发展和社会变迁的变化进行分析，探讨产业变化对石斛资源和石斛文化传承的影响。

2. 石斛的世界格局介绍：介绍石斛在国际上其他国家的研究和应用现状，特别是有些国家在中医药领域对石斛的研究和运用，讨论石斛作为中华优秀传统文化的传播意义。

3. 石斛文化创造性发展讨论：组织学生讨论如何在保留石斛现今使用价值基础上进行创造性转化。

创新性问题：

教师提问："通过前期的调研，判断石斛未来产业的发展趋势。"

学生回答1："智慧农业的发展可采用更高效、更智能的种植方式，比如通过人工智能实时监测石斛的生长环境并采用智能化种植方式。"

老师提问："石斛被誉为九大仙草之一，但价格较贵，种植年份较长，是否还有种植的必要？石斛的文化还有传承的必要吗？"

学生2："有种植和传承的必要，石斛有独特的药用功效，不是一般的草药可以代替的。"

教师问题：如何对石斛进行创造性转化？

学生回答3："石斛有强阴功效，可以将石斛运用到化妆品、保健品等领域。"

老师表示："讲得很好，大家可以再深入思考石斛与现代科技的应用，降低石斛的种植周期，提高生产率。石斛的广泛应用无形中就是对其中华优秀传统文化的创造性转化，并留给大家更多的思考空间：如何让石斛在创造性转化中实现更好的可持续发展。"

(四) 大学阶段:《思想道德与法治》

教材分析：大学阶段的教材强调学生对社会现象的深入分析和批判性思考，注重培养学生的社会责任感和使命感。

教学目标：

1. 增强学生对石斛文化传承的使命感，从学术和实践层面深入理解传承的历史意义和重要价值。

2. 提升学生对石斛在当代中医文化中的重要意义和价值的认识。

3. 引导学生通过调研提出具有创新性和可操作性的石斛保护与开发方案。

教学内容：

1. 石斛的文化调研项目：让学生分组开展调研，了解不同地区、不同群体对石斛的认知和种植情况，分析铁皮石斛文化地理分布和多样化发展状况。

2. 石斛文化论文撰写：指导学生撰写关于铁皮石斛主题文化传承的论文，从历史、社会、心理等多角度深入分析石斛的历史文化变迁和现代价值。

3. 石斛的文化传承与创新实践活动：鼓励学生基于前期理论研究和实践研究，策划并实施围绕石斛主题的文化展示活动，如设计石斛文化创意作品与产品，充分运用石斛健康价值开发助老产品等。

创新性问题：

老师说："如果我们要将铁皮石斛文化与当地特色产业相结合，大家会如何进行创新性开发呢？"

学生1："可以设计铁皮石斛主题的旅游产品，让游客在体验铁皮石斛文化的同时，促进当地经济发展。"

老师说:"这个思路很有商业价值,那大家课后可以进一步研究具体的商业模式。"

学生2:"我们还可以开发铁皮石斛文化主题的手机应用程序,包含铁皮石斛知识科普、产品介绍等功能。"

老师说:"很好,这个应用结合了现代科技和传统文化,大家在设计时要考虑用户体验和文化内涵的平衡。"

大中小学思政一体化视角下的中华优秀文化传承,通过循序渐进、有效衔接的教学模式,实现对学生文化素养的培养、文化自信的树立、文化使命的担当。

1. 阶梯式设计实现一体化

小学阶段教师通过组织学生画一画、讲一讲故事等形式,了解铁皮石斛的基本形态以及在中华医药领域的重要地位,激发学生对传统文化的兴趣。初中阶段教师通过听取石斛专题报告、石斛专题研讨和有针对性的实践活动,引导学生较为深入地了解石斛的药用价值和种植技术,增强学生对传统中草药的认同感和自豪感。高中阶段教师组织学生通过分析石斛在中医药文化中的地位和作用,提升学生对中华优秀传统文化的理解能力和辩证能力。大学阶段通过学生自主的文化调研活动、报告撰写和创新实践活动、公益推广活动,增强学生对石斛的深层次理解,并能通过自己的行为投身中华优秀传统文化的传承和建设中。

2. 通过实践与体验差异化实现一体化

小学阶段组织学生参观石斛种植基地,增强学生对传统文化的认同感和自豪感。初中阶段鼓励学生带着一些问题,亲历石斛的种植活动并进行基础的探究。高中阶段教师引导学生进行初步的石斛调查研究,对石斛有一些自主性的认识,并推进石斛的文创产品开发。大学阶段学生自主选题,对石斛历史进程和未来发展进行深入研究,并试图将石斛中药材产业与其他产业进行融合,开展铁皮石斛文化智能创新活动。

3. 通过情感和态度递进式实现一体化

小学阶段培养学生对自然的兴趣和热爱,树立保护自然的意识,激发学生对中华优秀传统文化的热爱和尊重。初中阶段要增强学生的社会责任感和环境保护意识，培养文化自信。高中阶段要引导学生思考如何在社会中传承和创新传统文化，增强文化使命感。大学阶段鼓励学生积极参与社会文化活动，为传统文化的传承和发展贡献力量，培养学生的文化使命感和社会责任感。从文化延续到文化传承，再到文化发展，继而到文化使命。

第二节　大中小学思政一体化
现存的问题

一、教学内容问题

思想政治课虽然是活动型学科课程,但有理论指导。对高中阶段思政课而言,主要讲授马克思主义基本原理、讲授马克思主义中国化成果,特别是习近平新时代中国特色社会主义思想。[1] 在小学、初中的道德与法治课、高中的思想政治、高校思想政治理论课中都提到了与其相一致的理论指导,这是"中国智慧""中国思想""中国主张"一以贯之的重要做法,是培养"民族心、中国魂"必备的思想堡垒。

进行横向比较发现:同一学段,课程思政之间、高中阶段思政课与高中语文、高中历史等学科之间出现了多种内容重复的现象,使学习者对重复内容没有了新鲜感,学习兴趣降低;同时,对思政课知识认同度和接纳度会有所下降,学习成效也会随之下降。对思政教师而言为了吸引学生,只能再寻找思政课与其他学科内容的差异性作为重点来讲,失去了思政课讲述的系统性,同时增加了备课的难度,教学的效果也会有所限制。

低效重复内容导致教育体系运行效率降低,学生再重复已知晓的知识,不仅对教育资源有所浪费,也可能导致教育目标碎片化,影响教育体系的整体连贯性和既定育人目标的达成度。低效重复也会影响思政课的创新和发展,重复会给学科的交叉带来一定的难度和阻碍,给学生造成"上思政课在上其他课,上其他课在上思政课"的感觉。对社会而言,此类重复会导致社会对思政课的学科性产生一些较为偏颇的看法,不利于思政课长足的发展和进步。

1　中华人民共和国教育部. 普通高中思想政治课程标准[S]. 2017 年版 2020 年修订. 北京：人民教育出版社,2020.

二、教学方法方面

目前,大中小学思政一体化教学方法方面会有些雷同和相似感。从小学到初中到高中到大学大多采用讲授法、小组讨论、问题探究、实践探究等教学方法。日常授课中讲授式教学方法使用频率较高,在公开课中,为体现课堂"教"与"学"互动的多样性都会采用以上的教学方法。单一教学方法可能无法满足不同学段学生的学习需求,不利于学生具有侧重点的核心素养培育。

实践教学环节较少也是目前在大中小学思政课程中突出的问题。高中思想政治课程紧密结合社会实践,[1] 道德与法治课程是义务教育阶段的思政课……具有实践性。[2] 目前,大学的高校思想理论课没有出台课程标准,但实践考察是思政课的学习环节之一。综观不同学段思政课日常,实践性学习的机会还是较少,学校会组织学生前往一些红色场馆进行研学活动,除爱国主义教育之外,其他方面思政课教育的实践活动太少,以至于学生在缺乏实践经验的基础上,对事物的理解能力和接受能力有所下降。

目前,信息技术在教育领域的应用已经取得一定进展,但在中小学一体化思政课教学中还是处于应用的初级阶段。学校配备多媒体设备、网络教室等硬件设施,但在实际教学中,这些设备的使用频率以及深度使用的次数都不算太高,多数教师采用简单的课件展示或视频播放,未能充分发挥信息技术的交互性。以中华优秀传统文化为例,教师可以采用数字科技呈现古老中国的文化脉络,以更加具象化的方式将文化载体、文化内涵展现在学生面前,但由于时间、技术等诸多问题的存在,思政教师大多是利用信息技术进行展示,无法创造性地利用信息技术进行教学。

教学评价体系不完善也是无法实现一体化的重要原因。众所周知,评

1 中华人民共和国教育部. 普通高中思想政治课程标准[S]. 2017 年版 2020 年修订. 北京：人民教育出版社,2020.
2 中华人民共和国教育部. 义务教育道德与法治课程标准[S]. 2022 年版. 北京：北京师范大学出版社,2022.

价具有评定作用,也具有反思作用,在大中小学思政教学中缺乏评价标准,多使用过程性评价的方式,以自评与互评相结合的方式。高校多采用调查报告结果性评价的方式,对基础教育而言,评价方式较为雷同,无法较好地顺应学生分层级、递进式推动学习有序进行的发展需求。高校结果性的评价方式不利于学生反思行为的养成。

三、教师教学能力问题

新时代对教师的教学素养提出了新的要求,但部分教师对新兴事物掌握程度较低,应用方式也局限于播放已经制作好的视频或PPT,应用形式单一是一个较为普遍的现象。当然,教学进度也是教师考量的实际问题,有部分教师担心信息技术掌握不足,影响教学进度,而且教师平时接受信息技术培训也多处于基本操作层面,欠缺对信息技术专业知识的获取渠道。

大中小思政教师之间缺乏常态化的合作和相互促进的机会,教学压力的增加也让教师本身可能无暇顾及其他学段的教学内容,造成对其他学段教学内容和方法了解有限,教学方法衔接不畅通。或者,有些学段的教师会采用其他学段教师的教学方法,没有从学生实际的学习年龄和理解能力出发,出现教学内容和教学方法倒置的问题。

教师教学创新意识不强,习惯使用传统的教学模式,缺乏对所教内容主动探索和创新型的教育。教师对课程设计缺乏系统性,缺乏跨学科课程设计的能力,实施过程也缺乏灵活性,难以根据学生实际情况和教学反馈及时调整教学策略,教师过于依赖预设的教学方案,忽略学生即时的需求。

教师的适应能力不足,面对大中小学思政一体化带来的新挑战、新要求,有部分教师表现出适应能力不足的问题,存在焦虑、心理负担较重的表现。同时,教师也感觉面对挑战所获得的支撑不足,缺乏有效激励机制和专业发展机会,例如在跨学科和新兴技术方面有些教师感到力不从心,面对一体化提出的要求感到有些手足无措,自己的创新实践和成果也难以得到及时的肯定,导致自己的职业发展动力不足。

四、协同机制不够完善

在大中小学思政一体化协同机制中，沟通与交流不畅通是一个突出问题。在大中小学思政一体化提出之后，是在某些教学研讨中再现不同学段教师之间的交互性合作，但各学段教师之间缺乏常态化的交流合作机制。现实中，集体备课、研修培训以及交流沟通贯彻落实难度较大，无法建立长效联络机制，这也造成教师深入了解其他学段的教学内容和方法的通道几乎处于关闭状态。教师获取其他学段优势资源的途径也十分少，只能通过一些自媒体、网站等琐碎、零星的渠道获取。

教育研究不足是大中小学思政课一体化协同机制无法建立的另一个原因，大中小学思政一体化视角整体研究还须不断深化，思政教师对于各学段学生的认知特点和思想教育接受度研究还不够深入，通过教研进行融通还处于起步阶段，"重形式、轻内容"的现象较为多见。缺乏系统性教育研究，导致教学内容和方法的科学性和有效性明显不足，思政课同质化问题也较多。

大中小学思政一体化建设存在的问题是新时代、新要求下出现的新现象。多年来，思政一体化一直让思政课沿着整体化的方向向前发展，虽然还存在一些需要改进的地方，但总体的发展态势还是向整体性、协同性、创新性发展。

第三节　大中小学思政一体化优化策略

在当今教育体系中,将中华优秀传统文化融入大中小学思政课一体化机制是落实育人育才根本任务的关键环节,是培养社会主义合格公民的必然要求,这一过程不仅有助于传承和弘扬中华民族的宝贵精神财富,还能为思政课教学注入丰富的文化内涵和生动的教育素材,增强思政课的吸引力和实效性,让学生在潜移默化中接受文化的熏陶和思想的启迪,实现知识传授与价值引领的有机统一。

一、整合资源优化教育内容体系

(一)深度挖掘与系统整合

大中小学思政课内容上根据学生的年龄特征和认知特点各有侧重,但可以从主题学习的角度出发,组织专家学者与一线教师成立专门团队,对中华优秀传统文化资源进行全面梳理与深挖,筛选出契合各学段思政课教学目标要求的具有代表性的文化内容。例如,由大学牵头,围绕中国历史上具有代表性的儒家思想、道家思想开展专题学习与研究,各学段教师通过深入的学习和剖析形成与各学段思政教育内容相适应,与马克思主义基本原理、社会主义核心价值观相适应的文化教育素材。

在教材编写方面,目前小学《道德与法治》教材是将中华优秀传统文化融入其他知识点中,初中《道德与法治》、高中《思想政治》有专门的章节讲述中华文化,高校思想政治理论课也有部分章节涉及中华优秀传统文化内容。教师可以将课本知识与具体情境结合起来,更加层次分明、逻辑严谨、内在统一地渐进式推进中华优秀传统文化与思政知识的融合,在构建知识架构下具有深刻的文化认同。

（二）构建一体化视角进阶路径

构建一体化视角进阶路径需要制订中华优秀传统文化融入思政课一体化内容进阶规划。小学阶段，围绕中华优秀传统文化故事、传说与道德法治课程中的内容相结合，以生动有趣的形式激发学生兴趣与热爱，侧重培养学生文化感知与情感认同。初中阶段进入经典文献诵读、历史典故选读，引导学生初步理解中华优秀传统文化中的道德观念、价值取向以及蕴含的精神内核，侧重培养学生的文化理解力和道德判断力。高中阶段，围绕思政课核心知识，深入挖掘中华优秀传统文化与马克思主义中国化相结合的契合点。例如，聚焦某个传统文化主题，简要分析中华优秀传统文化对中国特色社会主义理论体系形成和发展的影响，培养学生运用传统文化知识分析社会现象，培养解决实际问题的能力，提升学生文化思辨与综合素养。大学阶段，从中外文化对比性视角，深入研究中华优秀传统文化在国际传播，以及对世界文明的巨大贡献，从某一中华优秀传统文化载体、行为等入手研究中华优秀传统文化的当代价值，提升学生对中华优秀传统文化的双创能力。一体化视角不但给予思想政治课整体性的视角，也建构中华优秀传统文化渐进式学习模型，实现学生文化方面素养与思政方面素养双重提升。

二、创新教学方法手段

（一）丰富互动教学方法

打破传统讲授法的单一格局，构建师生互动、生生互动、人机互动的多维度互动教学模式。采用项目教学法、行动导向教学法、任务驱动教学法、合作学习教学法、情境教学法等，将中华优秀传统文化融入思政课。例如，采用讨论法对"季布'一诺千金'"的美德故事进行研究，提出问题："季布"获救的根本原因是什么？这样的问题设计，引导学生理解诚信的个人价值和社会价值。在情境教学中选取现实生活中践行中华优秀传统文化的典型案例。思政教师可以用课堂常态化教学中小组合作学习如何体现和合思想为议题，来推进学生对小组合作学习的深刻理解，以及对"和合"思想新的认识。小学阶段可以利用角色扮演等方式，例如利用开笔礼等形式，让学生亲历传统礼仪规范,增强学生对中华优秀传统文化的感性认识与情感体验。

（二）充实多元实践教学内容

学校应加强与博物馆、文化遗址、民俗村落等文化机构的合作,建立稳定的思政课实践教学基地。定期组织学生开展实地考察、调研采访、文化体验等实践活动,如带领学生参观各区域的历史博物馆,了解家乡及周边地区的历史变迁与文化传承,开展"非遗进校园"活动,邀请非遗传承人进行现场展示传统技艺,让学生亲身参与制作,感受传统文化的魅力与工匠精神;鼓励学生参与社区文化志愿服务活动,如积极参与社区举办的传统文化讲座、开展文化传承调研等,使学生在实践中加深对中华优秀传统文化的理解与认同,增强文化传承与创新意识。同时,教师应注重实践成果转化工作,小学或初中学生可以以体验式成果的方式,展现学习中华优秀传统文化的累累硕果。例如通过制作香囊了解中药材,通过体验传统手工艺了解古法技艺,高中年级和大学阶段结合思政课学习内容、实践考察对象,撰写实践报告。例如,带领学生前往贵州,对古法造纸进行实地参观,指导学生撰写"非遗古法造纸在校园文化墙上的应用"课题。

三、提升教师综合素养

（一）一体化视角下加强专业培训

邀请知名专家和学者进行专题讲座与学术指导,内容涵盖传统文化的经典解读、历史演变,帮助其他学段的教师在较短时间内厘清中华优秀传统文化的历史发展脉络,对于其将中华优秀传统文化融入思政课,如何"融"、怎么"融"具有方向性的指导意义和实用价值。中华优秀传统文化方面的专业培训能够让教师了解前沿性知识,中华优秀传统文化目前的研究热点和研究成果,在拓宽教师知识面的同时,帮助教师将最好的中华优秀传统文化精髓融入各学段的思政课中。

一体化视角下教师的专业培训,是培养教师具有不断进步、不断提升的职业意识,更好应对教学挑战,在不同学段和教育领域获得一定的成就感,增强教师自身的职业满意度和幸福感。

（二）一体化视角下建立教师学习共同体

以学校或区域为单位，组建大中小学思政课教师中华优秀传统文化学习共同体。共同体成员定期开展集体备课、教学研讨、经验分享等活动，共同探讨教学中遇到的难点问题、堵点问题和所要解决的实际问题。例如在集体备课过程中，教师们针对某一特定中华优秀传统文化主题，在不同学段的思政课教学设计进行交流，分享各自的教学思路、资源素材与实践经验，实现优势互补、资源共享。通过建立学习共同体，各学段教师之间不仅能够了解其他学段教学内容和教学方法，更能促进教师更加准确地了解学生的学习现状，促进教师之间的深度交流与合作；同时，学习共同体在教师群体中形成良好的学术氛围与互助机制，推动教师共同成长进步，提升教师群体的中华优秀传统文化素养与思政课教学水平。

第四节　大中小学思政一体化案例设计

争做中国好儿童
——以"自强不息,争做中国好儿童"为例(小学篇)

一、课程分析

《光荣的少先队》是《道德与法治》一年级下册第四单元"争做中国好儿童"的第 2 课,依据《义务教育道德与法治课程标准(2022 年版)》,本课主要指向"政治认同"等核心素养的培养。了解中国少先队是中国少年儿童的群体组织,是建设社会主义和共产主义的预备队。[1] 因此,应"积极加入中国少年先锋队"。本课内容聚焦"中华优秀传统文化与革命传统教育",由"少先队员真光荣""少先队真了不起"和"我想加入少先队"三个话题构成。

中华优秀传统文化中蕴含着丰富的自强不息精神,如古代的闻鸡起舞、悬梁刺股等故事,体现了古人面对困难时的坚韧不拔和积极进取精神,从中可以感受到中华民族自强不息的传统美德。[2] 这些文化资源为本节课的教学提供了深厚的背景和丰富的素材。教材中通过这些故事引导学生理解自强不息的含义,激发他们面对困难时的勇气和决心。

二、教学目标

(一) 政治认同

通过对少先队在战争时期的英勇奋战,增强学生对少先队组织的认识,

1　中华人民共和国教育部. 义务教育道德与法治课程标准[S]. 2022 年版. 北京:北京师范大学出版社,2022.
2　中华人民共和国教育部. 义务教育道德与法治课程标准[S]. 2022 年版. 北京:北京师范大学出版社,2022.

激发学生热爱中国共产党、热爱中国少年先锋队的真情流露,坚定学生积极加入少先队先进组织的信念,实现政治认同。

(二) 健全人格

通过"闻鸡起舞"故事的讲述,引导学生理解自强不息的含义,通过少先队自强不息故事的讲述,促使学生从古今自强不息故事中了解自强不息精神的传承和发展。引导学生将自强不息的精神运用于积极学习中,努力练就自身具有坚持不懈、积极进取品格,树立正确的人生奋斗目标。

三、教学过程

(一) 主题导入：自强不息的古代故事

教师：同学们,在开始上课前,老师想先给大家讲一个成语故事：《闻鸡起舞》。故事的主人公大家可能不太熟悉,这个故事的主人公叫祖逖。小时候的他,家里很穷,但小祖非常喜欢学习。每天天还没亮,很多人还在熟睡的时候,小祖一听到鸡叫,就起来练习武艺,努力学习文化知识。他不怕困难,坚持不懈,最终成为一位东晋时期的民族英雄。"闻鸡起舞"讲的就是他自强不息的故事。你认为小祖是一个怎样的人呢？能够用四个字的成语说出他的优秀品质吗?

学生 1：老师,祖逖很刻苦。

学生 2：他每天这么早起床,肯定很辛苦,他还坚持。

学生 3：老师,他坚持不懈。

教师：没有人让他这样做,是他自己要求这样做的。这又是什么四字成语?

学生 4：自强不息。

设计意图：通过讲述祖逖闻鸡起舞成语的由来,促进学生具象化理解自强不息精神的由来,激发学生的兴趣和思考,为后续学习奠定基础。

(二) 环节二：少先队发展历程中的困难与克服

教师：自强不息在祖逖身上有体现,在我们先进的青少年组织中也有体现。大家看一下我们胸前的红领巾,我们的少先队在建立和发展过程中,也遇到了很多困难。请同学们阅读相关文献。

学生：在战争时期，少先队员们面对枪林弹雨，他们没有退缩，勇敢与敌人做斗争。最后打败了敌人。

教师：他们这种面对困难不屈服、勇往直前的精神是什么？

学生：就是自强不息的体现啊！

教师：斗争是不是一下子就结束了？

学生：不是的，因为他们有坚定的信念，不怕困难，坚持不懈。

设计意图：通过展示少先队在战争时期遇到的困难以及如何克服的，引导学生体会自强不息精神中不息的具体体现，培养学生建立政治认同和培养健全人格的核心素养。

(三) 环节三：少先队员真了不起的事例

教师：同学们，看看这些少先队员，他们与敌人做斗争，当时的他们都几岁呀？

学生：他们有的 6 岁，有的 7 岁，还有的 8 岁。

学生：他们有的比我还小。

教师：他们都怎么样呀？（教师竖起大拇指暗示）

学生：他们真了不起。

教师：他们身上有什么品质？

学生：自强不息。

设计意图：通过小学生与战争时期少先队员年龄上的对比，进一步让学生具体化地理解少先队先烈们不畏惧困难、不怕牺牲、自强不息的精神。

(四) 课堂小结

教师：同学们，今天，我们通过祖逖和少先队的故事，了解了中华优秀传统文化精神中的自强不息。学习了自强不息的精神，是自强和不息两者的双重结合。希望同学们通过这种精神学习，与自己相结合，在今后的学习和生活中遇到困难时，也可以不退缩，不断努力，争做中国好儿童！

设计意图：通过回顾本节课所学内容，强调自强不息精神是由两部分的内涵构成，即自强与不息，激发学生在今后的学习和生活中也能够具有自强不息的精神。

(五) 教学反思

本堂课的教学是将中华优秀传统文化和革命文化进行有机结合。通过大家熟知的成语"闻鸡起舞"，以大家不熟知的主人公祖逖的故事导入，通过少先队员在战争年代不惧危险的英勇斗争，讲述他们身上的自强不息精神。通过少先队员与身处新时代的"我们"的对比，深入感受自强不息的内涵。最后，面对小学阶段的学生，教师在总结环节对自强不息的概念进行了分析性剖析，让学生更深刻地理解自强不息的含义及其重要性。但在教学过程中，由于教学形式的单一，不能兼顾全部学生的学习成效，部分学生对少先队历史发展进程不够深入，需要在今后的教学中进一步加强引导和讲解，帮助学生更好地传承和弘扬自强不息的精神。

（提供者：上海市静安区闸北二中心小学　李逸君）

践行中华传统美德
——以"做中华传统美德的践行者"为例（初中篇）

一、课程分析

本课是《道德与法治》七年级全册第三单元第八课第二框的内容。依据义务教育阶段课程标准，理解中华优秀传统文化的传统美德。[1] 本框从实践层面对中华传统美德的相关内容开展阐述，主要讲中华传统美德的重要性和践行中华传统美德的具体内容与要求，旨在引导学生深入理解中华传统美德在中华民族成长和发展中的重要作用，以及对个人成长所起到的价值引领作用，引导学生在社会生活中主动弘扬和自觉践行中华优秀传统美德，做到知行合一。

1　中华人民共和国教育部. 义务教育道德与法治课程标准[S]. 2022 年版. 北京：北京师范大学出版社,2022.

二、教学目标

(一) 认知认同

学生通过分析"2024 感动上海年度人物"事迹，深入学习中华传统美德，增强对中华民族优秀传统文化的认同感与自豪感，树立正确的价值观，自觉传承和弘扬中华传统美德，形成热爱祖国、热爱人民、热爱中华民族的情感和态度，坚定文化自信，为中华民族伟大复兴贡献力量，以实现政治认同素养目标。

(二) 必备品格

学生能够深入理解中华传统美德的内涵，培养学生高尚的道德品质和良好的行为习惯。在学习过程中，提升对某些行为的分析力和判断力，在复杂社会环境中坚守道德信念，真正做到知行合一。

(三) 责任意识

通过对"扶不扶"等道理伦理问题的讨论，引导学生明确个人在集体与社会中的责任与担当，鼓励学生在日常生活中弘扬美德精神，践行美德行为。学生能够以小组形式，通过自我践行美德的具体行动建议，并在实际生活中加以运用，培养学生的团队协作能力、问题解决能力及践行美德的实践能力。

三、教学过程

(一) 导入新课

教师：同学们，文化总是通过载体呈现出来。中华传统美德作为中华优秀传统文化的一部分，它的呈现方式是人。今天，让我们走近"2024 感动上海年度人物"，去探寻他们身上的传统美德故事。请看短片，看完短片，你有怎样的感受？

学生：被感动了，心中十分敬佩这些人和他们做的这些事情。

设计意图：通过播放短片，在动感的画面中激发学生的学习兴趣，引导学生感受感动上海年度人物的感人之处，为后续进一步探究中华传统美德奠定基础。

（二）明德意——深度探究中华传统美德

1. 自强不息

教师：同学们，我们先来认识一下左亚军。（PPT介绍：左亚军2002年进入创新生物药领域，20余年秉承初心，自主研发出全人源GLP-1类药物贝那鲁肽注射液，实现了中国糖尿病领域创新药零的突破。）大家思考一下，科研团队需要依靠哪些强大精神力量才能实现这一重大突破？

学生：刻苦钻研、自力更生、迎难而上、创新突破等。

设计意图：从左亚军事例中引导学生提炼出自强不息中自力更生的重要作用，树立科技自立自强的重要作用。

2. 敬业乐群

教师：接下来，我们了解一下非遗古法技艺。（PPT展示：郭秀玲坚守羊绒产业32年，挖掘古老技法，传承非遗技艺，帮助贫困地区发展。）提问：从她的事迹中，大家能看出她的"敬业"具体体现在哪些方面？她的付出对贫困地区发展有哪些正向的影响？

学生说：郭秀玲能坚守这份工作30多年，对工作的专注、对贫困地区的帮助，体现了中华优秀传统美德中的敬业精神。

设计意图：通过郭秀玲的事迹，帮助学生深入理解敬业乐群的内涵，明白个人价值与社会发展需求的紧密联系。

3. 扶危济困

教师：现在，我们来探讨"微尘"公益事业以及《慈善法》的关键条文。大家思考，法律在"微尘"们的爱心善举中发挥了什么作用？

学生：学生结合法律条文，分析法律如何保障和鼓励爱心善举，如为善举提供制度保障，确保爱心善举得到法律保护等。

设计意图：引导学生理解扶危济困的传统美德，同时明白法治为美德践行提供的保障，促进学生法治观念的形成。

4. 孝亲敬老

教师：接下来，我们看王均田的事迹。他退休后承担起照顾岳父一家的重担,岳母、妻子相继离世,仍坚持独自照顾岳父。从他身上大家体会到了何种中华传统美德?

学生:孝敬老人、爱护亲人等。

设计意图:通过王均田的事迹,让学生深刻体会孝亲敬老的美德,理解其对家庭和睦与社会和谐的重要性。

5. 见义勇为

教师:同学们,近年来对路边老人"扶不扶"的问题成为社会的热门话题,你们会扶吗?怎么扶?

学生:我会扶,要帮助他人;我有点儿担心被误解,会有所顾虑。

教师:前不久,我们学校有一位学生就扶起了老人,而且老人的家属还送上了锦旗。看来见义勇为还是非常需要的,但学生们的顾虑也不无道理。请同学们对"见义勇为"和"见义智为"开展谈论。

学生说:我们在勇敢帮助别人时,还是要注意方式方法。

设计意图:通过对"扶不扶"问题的讨论,引导学生树立正确的价值观,践行美德行为,通过"见义勇为"和"见义智为"充分讨论,帮助学生理解帮助他人时学会保护自己的重要意义。

(三)践德行——明确践行美德行为路径

教师:同学们,传承中华传统美德的载体是人,要传承美德,需要大家去践行。现在每个小组分别领取一份美德卡,从学习、家庭、社区等维度提出至少两条践行美德的建议,并选派代表进行展示。

学生:在践行"扶危济困"方面,可以帮助在学习中遇到困难的学生解答难题,积极参加社区组织帮助老人的实践活动等。

设计意图:通过小组讨论与展示,引导学生将传统美德转化为实际行动,培养学生践行美德的实践能力,真正实现知行合一。

(四)课堂小结

教师:同学们,今天我们通过身边人、身边事中五个中华传统美德,了解了美德的丰富内涵,并明确了自我践行的具体路径。希望大家在今后的学习与生活中,积极践行美德,弘扬美德,让自己的身上能够有一份中华美德的身影,带着这份身影能感染身边的人和事。

设计意图：帮助学生梳理本节课的知识,通过感动人的事情、感动的语言,强化学生对中华传统美德的理解与践行意识,激发学生内驱力,践行美德、传扬美德。

四、教学反思

本次教学围绕"做中华传统美德的践行者"展开,注重引导学生深入理解中华优秀传统文化蕴含的传统美德。通过播放"2024 感动上海年度人物"事迹短片,有效激发学生的学习热情和兴趣。在明德环节,展示左亚军、郭秀玲等不同人物事迹,引导学生思考传统美德内涵,本堂课由于小组讨论任务明确,所以学生参与度较高,学生的合作探究能力得到真正培养。总体而言,本次教学设计合理,达成了预期教学目标,但在差异化教学过程中还有待进一步加强和改进。

（提供者：上海市久隆模范中学 雷中华）

文化发展的基本途径
——以崇明"灶画"为例（高中篇）

一、课程分析

本框内容是统编版高中思想政治教材必修 4《哲学与文化》第九课《发展中国特色社会主义文化》第二框的内容。本框一共有三目,分别是《坚定理想信念 坚持以人民为中心》《立足时代之基回答时代问题》《融通不同资源实现综合创新》。《哲学与文化》这本教材由第一课至第六课的哲学知识,以及第七课至第九课的文化知识两部分构成。第九课《发展中国特色社会主义文化》是在第七课《继承发展中华优秀传统文化》、第八课《学习借鉴外来文化的有益成果》这两课的基础之上,进一步阐明要发展中国特色社会主义文化,领会对中华优秀传统文化进行创造性转化、创新性发展的重要意义。领悟优秀文化作品的影响力和感召力，最终建立文化强国，树立文化自信。[1] 本框题是第一框《文化发展的必然选择》的承接，也是对最后一框《文化强国与文化自信》的铺垫，对学生最终拥有文化底气、树立文化自信具有引领性、教育性、推动性的作用。

二、教学目标

（一）政治认同

结合生活中诸多文化单位、文化作品和文化人物的名称或称号中时常出现"人民"两字的现象，认同中国特色社会主义文化坚持以人民为中心的理念。结合中华优秀传统文化的研学活动，感悟中华优秀传统文化存在的时代价值和意义，以实现政治认同培养目标。

（二）科学精神

通过对马克思主义有关文化观的解读，认同马克思主义文化观是中国特色社会主义文化的理论渊源，以实现科学精神培养目标。

（三）公共参与

结合中华优秀传统文化的创新与发展、外来文化与中国特色社会主义文化交融，感悟文化融合的意义和价值，以实现公共参与培养目标。

三、教学过程

（一）导入新课：问题导入

教师：同学们，在我们生活里都能看到这样的现象，如"人民文学"，北京的"人民文艺"剧团，报纸中有《人民日报》，我们经常能看到一些文化单位、文化作品和文化人物的名称或称号里频繁出现"人民"这两个字。这是为什么呢？

学生：（学生思考后举手回答）可能是因为我国是人民当家作主的国家，文化也是为人民服务的吧。

1　中华人民共和国教育部.普通高中思想政治课程标准[S]. 2017 年版 2020 年修订.北京：人民教育出版社,2020.

教师：同学们回答得很有道理。那大家还知道中国特色社会主义文化的内涵吗？今天，就让我们一起走进"文化发展的基本途径"这一课，去寻找答案吧。（教师板书课题）

设计意图：通过生活中常见的文化现象导入，激发学生的学习兴趣，引导学生思考文化与人民的关系，从而自然地引出本节课的主题。

（二）达成共识一：坚定理想信念　坚持以人民为中心

教师：同学们，接下来我们来欣赏一段视频——"乌兰牧骑"的艰辛发展历程。（播放视频）

（学生们认真观看视频）

教师：视频看完了，大家来说说，"乌兰牧骑"为什么能得到广大牧民的认可和赞扬呢？

学生：（学生积极发言）因为"乌兰牧骑"深入基层，为牧民们送去精彩的文艺表演，丰富了他们的精神文化生活；他们始终坚持为人民服务的宗旨，不畏艰辛，把欢乐和感动带给牧民。

教师：大家总结得特别好。"乌兰牧骑"就是坚持以人民为中心的生动典范。在中华优秀传统文化中，也有许多体现"以人民为中心"的理念，比如古代的"民本"思想，民为邦本，本固邦宁，这与今天中国特色社会主义文化坚持以人民为中心的理念是一脉相承的。那大家再想想，生活中的文化现象体现了什么呢？文化与人民之间又有着怎样的关系呢？

学生：（学生小组讨论后回答）文化现象体现了人民的生活、情感和愿望。人民是文化的创造者和享有者，文化的发展应该以满足人民的精神文化需求为出发点和落脚点。

教师：在中华优秀传统文化中，许多文化成果都是人民在长期的生活实践中创造出来的，如民间工艺、民俗文化等，这些都是人民智慧的结晶。那是不是只要人民乐于接受的文化，我们都应该发展呢？

学生：（学生思考后回答）不是的。有些文化虽然人民乐于接受，但可能包含不良内容，会对社会和个人产生负面影响。我们应该发展的是优秀的、积极向上的、能满足人民精神文化需求的文化。在中华优秀传统文化中,也有精华和糟粕之分,我们要取其精华,去其糟粕。

教师讲述马克思主义文化观。

教师:所以,我们发展中国特色社会主义文化,必须坚持以人民为中心,提高人民群众的思想文化道德素质,促进人的全面发展。同时,也要传承和弘扬中华优秀传统文化中的人民性,让传统文化在新时代焕发新的生机与活力。(板书:坚定理想信念 坚持以人民为中心)

设计意图:通过课堂教学,让学生深入理解"以人民为中心"这一城市建设理念来源于中华优秀传统文化中的"民本"思想,增强学生对中华优秀传统文化的认知,提升对传统文化的认同。

(三)达成共识二:立足时代之基 回答时代问题

教师:"灶花"是中国人民使用"灶台"时留下的文化印记,现今社会不再使用"灶台","灶花"文化还有传承的必要吗? 说说理由。

学生:有必要! "灶花"文化是中华优秀传统文化的呈现载体,承载着千千万万农民对美好生活的祝愿和向往。独特的艺术表现风格对当代而言是很有价值的,值得传承下去。

教师:大家说得很好。那"灶花"如何走出后继无人的困局?

学生:(学生积极思考后回答)可以加强对"灶花"传承人的培养,政策引领让更多年轻人投身"灶花"艺术创作中。结合现代的绘画风格和审美需求,对"灶花"进行创造性的画风转化,使其更符合当代年轻人的追求和审美;同时,政府动用一些行政手段加大对"灶花"文化的保护和宣传。

教师:太棒了! 文化是特定时代的产物,只有立足时代之基,回答时代问题,才能实现创新发展。在中华优秀传统文化中,许多文化形式都是在特定的历史时期不断发展和创新的,如古代的诗词歌赋,在不同的时代有不同的风格和特点。我们发展中国特色社会主义文化,就要在继承优秀传统文化的基础上,结合时代特点,不断推陈出新。比如将传统的"灶花"艺术与现代的设计理念相结合,创造出符合当代社会需求的新艺术形式,让传统文化在新时代绽放光彩。(板书:立足时代之基 回答时代问题)

设计意图:通过对中华优秀传统文化"灶花"的讨论,引导学生思考文化传承与创新的关系,理解文化立足时代的重要性,同时让学生认识到中华优秀传统文化的创新价值,培养学生的科学精神和文化自信。

(四) 达成共识三：融通不同资源实现综合创新

教师：同学们,随着社会的发展,我们还会看到很多不同文化的交融现象。比如现在社会上出现了志愿者文化,大家知道志愿者文化是怎么兴起的吗?

学生：志愿者文化起源于国外,后来逐渐传入我国,并与我国的文化相结合,形成了具有中国特色的志愿者文化。

教师：对的。在中华优秀传统文化中,也有许多与之相通的理念,如"仁爱""互助"等思想,这些思想为志愿者文化在中国的发展提供了本土文化基础。那大家认为我们应该如何融合不同资源来实现文化的综合创新呢?

学生：(学生小组讨论后回答)我们应该在继承和弘扬中华优秀传统文化的基础上,积极吸收外来文化的有益成果,取其精华,去其糟粕,结合当代社会的实际需求,进行融合创新,创造出更具时代特色和文化价值的新文化。

教师：融通不同资源,实现综合创新,是文化发展的重要途径。在中华优秀传统文化中,儒家很早就提出"和而不同"的思想,提示我们要有智慧地融合不同文化资源。当然,"融合"不等于"丢弃"。我们既要坚守文化的本土特色,又要开放包容,吸收外来文化的优点,这样才能推动中国特色社会主义文化的繁荣发展。(板书：融通不同资源实现综合创新)

设计意图：通过志愿者文化这一源自外来文化的例子,引导学生思考融合不同文化资源所带来的真正意义,同时结合中华优秀传统文化中的思想智慧,引导更多的学生投身志愿者文化之中。

(五) 课堂总结

教师：同学们,通过今天的学习,我们知道了发展中国特色社会主义文化要坚定理想信念,坚持以人民为中心;立足时代之基,回答时代问题;融通不同资源,实现综合创新。在这个过程中,我们要充分挖掘和传承中华优秀传统文化的精髓,让传统文化在新时代焕发出新的活力和光彩。

设计意图:对本节课的内容进行总结,强化学生对文化发展基本途径的理解和认同。

(六) 教学反思

通过"灶花"文化传承的讨论,学生认识到文化创新须立足时代,结合现代需求推陈出新,通过一些问题支架的搭建,促使学生将中国特色社会主义文化与"人民"结合起来,坚持"以人民为中心"的文化理念,从而提高学生的思想道德素质。教师对马克思主义文化观的解读也是为了实现"第二个结合"的育人目标,帮助学生解决本课中的难点,为什么发展中国特色社会主义文化需要坚持马克思主义,帮助学生理解马克思主义文化观是中国特色社会主义文化的理论渊源。本堂课是在前期举行研学的基础上,结合前期灶画馆的研学活动,因此,学生感悟到传统文化的时代价值和意义。本堂课课堂气氛活跃,形成人人愿意说、人人能够说的良好氛围。这与之前搭建的实践支架、课堂中搭建的问题支架有很重要的关联性。

第三章

"大思政课"课程形态：中华优秀传统文化融入高中思政课

第一节 "大思政课"的内涵及应用

一、"大思政课"的内涵

高中思想政治课作为综合性和实践性很强的课程,在关注理论知识的传授过程中,更注重将理论知识与实际生活相结合,力争引导学生树立正确的世界观、人生观和价值观。为了增进高中生对于社会的理解、对于理论知识的认同,高中的思想政治课需要给学生提供更多的机会到社会中学、到实践中学。

2021年3月6日,习近平总书记在看望参加全国政协十三届四次会议的医药卫生界、教育界委员时指出,"思政课不仅应该在课堂上讲,也应该在社会生活中来讲",强调"'大思政课'我们要善用之"[1]。2022年8月,教育部等十部门印发《全面推进"大思政课"建设的工作方案》,明确推进新时代"大思政课"建设的实践路径。[2] 此方案对中小学提出了按课时完成学生社会实践体验活动。这是对中小学"大思政课"具象化的政策规定。

"大思政课"与原有的思政课相比最显著的区别在于"大","大"的内涵在于首先要上好思政课,提升思政课上课的目的性和实效性,在原有的基础上集中更多资源和各方力量,延伸思政课的课堂空间,将教室里的小课堂与社会中的"大课堂"结合起来,将说理教育和实践教育结合起来,将育人主体、育人客体和育人方式形成育人合力,推动育人工作实现高质量发展。

在"大思政课"育人主体方面,要汇聚各方师资力量,形成"大师资"。除思政课教师之外,汇聚多方力量引入高中思政课的实践探究中,将各方面实

1　杜尚泽.''大思政课'我们要善用之"(微镜头·习近平总书记两会"下团组"·两会现场观察)[N].人民日报,2021-03-07(1).

2　中华人民共和国教育部.教育部等十个部门关于印发《全面推进"大思政课"建设的工作方案》的通知[EB/OL].(2022-08-10)[2025-01-30].http://www.moe.gov.cn/jyb_xwfb/s5147/202208/t20220819_653859.html.

践指导专家、学者、实践基地和单位的负责人聘请为专职和兼职导师,一起投身高中"大思政课"建设中。

在"大思政课"教育客体方面,学生不是教育客体的唯一对象。社会群体中的其他人也可以构成教育客体。在学校内,作为教育对象,"大思政课"使学生从原来的"接受者"转变成为教育的"合作者",参与者也是建设者,构建师生双向奔赴教育目标的生态教育场景。

在"大思政课"育人方式上,打破书本理论知识的框架,放眼于世界百年未有之大变局中,以国内和国外视野相结合,将国家发展和世界变革中的生动故事融入高中思政课教学中,强调高中思政课堂的前瞻性和整体性,在"两个一百年"与"两个大局"的历史大格局中去认识世界和读懂中国。

因此,"大思政课"作为新时代助力思想政治课新发展、新方向的课程形态,为高中思想政治课重塑教育逻辑,不仅改变原有教学方法,更深刻地彰显思政课教育的意义,让高中思政课从传统的理论灌输,转向与社会现实深度融合的实践性教育。

中华优秀传统文化是中华民族的"根",为高中思政课"树人"给予丰厚的学养。"大思政课"课程形态让中华优秀传统文化的融入有了深度和温度,也让源远流长的中华优秀传统文化在当代"活"了起来,让思政教育"动"了起来。实现了从理论到实践,从课堂到社会,从知识传授到人格塑造的教育重塑。

二、"大思政课"的基本特征

(一) 开放性与系统性

"大思政课"最突出的特征之一是其开放性,它突破了传统思政课在时间和空间上的限制。传统思政课主要局限于教室这一特定场所,教学资源也主要依赖教材和教师的讲解。而"大思政课"将教学空间拓展至社会生活的方方面面,从城市到乡村,从企业到社区,从红色教育基地到现代化建设一线,均为思政课教学提供了丰富的实践场景。这种开放性使得学生能够走出校园,亲身感受社会的发展变化,体验不同层面的社会生活,从而拓宽视野,增强对社会的认知和理解。

在"大思政课"的课程形态下,学校组织学生参观当地博物馆、历史遗迹等文化场馆,学生在真实的传统文化场景中感受中华优秀传统文化魅力,增强对文化的具象化认识。同时邀请非遗传承人进校园,在开放性教学的同时,也增添学习传统文化的趣味性。

"大思政课"系统性体现在其并非简单地将各种资源和场景随意拼凑,而是在课程设计上有着严密的体系架构。"大思政课"构建了大中小学思政一体化的课程体系,各学段之间紧密衔接,形成分阶段推进、渐进式优化的育人方针。从小学阶段注重品德启蒙,到中学阶段强化政治认同,引导学生理解基本的政治制度和主流价值观,再到大学阶段深化理论认知,培养学生运用马克思主义立场、观点和方法分析问题、解决问题的能力。与此同时,"大思政课"注重教学主体、教学内容、教学方法等各要素的系统优化。整合学校、家庭、社会等多方力量,形成协同育人的合力。"大思政课"以"思想政治教育"为核心,将思想政治理论与哲学、历史、文学、法学等多学科知识有机融合,丰富教学内容。同时,"大思政课"根据不同的教学目标和学生特点,运用多种教学方法,实现教学资源的高效整合和协同运作。

中华优秀传统文化是中华民族在浩瀚的历史长河中孕育而成,浩如烟海,包罗万象。"大思政课"从系统上规划教学内容,把传统文化的核心价值观和思政课的德育目标紧密结合,让中华优秀传统文化成为思政课的"资源支架",支撑起学生价值观的塑造。让原本"讲道理"的思政课成为"学故事""探故事"的系统学习课堂,这一特征使得文化自信成为学生内在力量,传统文化教育与思政教育进行有机结合,帮助学生在核心素养层面实现全面发展,激发当代学生肩负民族复兴的使命感。

（二）实践性与创新性

"大思政课"强调理论与实践相结合,具有鲜明的实践性。它将实践环节纳入课程体系,使实践不再是一个思想政治教育的"加分项",而是成为"必备项"。在高中阶段通过组织学生参与社会实践活动,如社区服务、社会调研等,让学生在实践中了解国情、民情和社情,深化对课堂理论知识的理解和运用。这种实践性不仅有助于提高学生的动手能力和解决实际问题的能力，更重要的是能够培养学生的社会角色意识和担当精神。

"大思政课"课程形态使学生学习中华优秀传统文化不再拘泥于学校课堂，可以走出去，在场馆所创设的真实情境中学习和感受中华优秀传统文化，引导学生在实践中运用文化所蕴含的礼仪知识指导自己的言行，推动学生从单一的"学习者"转变成为文化的"弘扬者"，从"被动者"转变成为"主动者"，实现知行合一的育人目标。

"大思政课"在教学方法和师资队伍等方面展现出强大的创新性。在教学方法上，摒弃传统单一的讲授模式，积极探索多样化的教学方法。采用沉浸式学习，通过具体情境，在情境中学会分析情境，引导学生能够解决真实问题，能够运用所学知识解决现实问题。"大思政课"可以采用项目式学习，让学生围绕特定项目进行自主探究和合作学习，培养学生的自主学习能力和团队协作能力。同时，采用虚拟影像技术和现实情境相结合的方式开展线上线下结合式教学，拓展课堂空间，提升学生学习兴趣。在师资队伍方面，构建"大师资"体系，打破师资壁垒，采用校内和校外师资相结合的方式，校外师资的引入，为学生带来了不同领域的实践经验、更多专业化知识和独特视角。因此，"大思政课"在拓宽学生视野、积累生活经验、拓展学习方面都有重要的作用。

中华优秀传统文化融入高中思政课，"大思政课"的创新性特征在于将中华优秀传统文化与当代社会热点相结合，使中华优秀传统文化更具时代感和吸引力，教师可以组织学生结合春节，拍摄 Vlog，让学生在自己创设的作品中感受中华文化在现代社会的活力，细品中华优秀传统文化的时代张力。

（三）育人导向性与价值性

"大思政课"始终坚守立德树人的根本任务，具有鲜明的育人导向性。它不仅仅是一门传授知识的课程，更是塑造学生灵魂、培养学生品德的重要阵地。在教学过程中，注重将社会主义核心价值观、道德品质和家国情怀的培养贯穿始终。结合社会现实和学生生活实际，引导学生树立正确的世界观、人生观和价值观。在社会热点开展的"大思政课"学习中,学生在"做中学""学中学",将书本知识与生活实际相结合,在实践中对接书本知识、验证书本知识、感悟书本知识。这种育人导向性确保"大思政课"能够真正发挥铸魂育人的作用。

中华优秀传统文化融入思政课,就是要达到用传统文化感动人、传统文化塑造人的目的。"大思政课"改变原有的课程形态,学生不再是学习中华优秀传统文化的"接收器",而是学习中华优秀传统文化的"扬声器"。学生不单单依靠教师讲,而更多的是自己学习和了解中华优秀传统文化,在实践中读深传统文化、读懂传统文化,从而让中华优秀传统文化能够起到启迪心智、铸就灵魂的重要作用。

"大思政课"还具有重要的价值性。对学生的个人成长而言,"大思政课"所传授的内容和倡导的理念,使学生在面对复杂多变的社会环境和各种诱惑时,能够坚守内心的道德底线,做出正确的价值选择。它培养学生的批判性思维和独立人格,让学生具备独立思考和判断是非的能力,不盲目跟风,不随波逐流。对社会发展而言,"大思政课"通过传播主流价值观,凝聚社会共识,促进社会和谐稳定。它培养出具有社会责任感和使命感的公民,成为能够积极投身社会建设,为实现中华民族伟大复兴的中国梦贡献自己力量的有为青年。这种价值性使得"大思政课"超越了一门普通课程的范畴,成为引领学生成长、推动社会进步的重要力量源泉。

中华优秀传统文化融入高中思政课,在"大思政课"课程形态中,学生在读懂传统文化的同时,会为传统文化中的匠心独运、技艺精湛而感动,为传统文化中蕴含的民族精神、家国情怀而自豪,也会为传统文化中的经典传承、源远流长的历史故事而敬佩,为传统文化中蕴含的智慧哲思、道德规范而珍惜。

三、"大思政课"的应用

对高中思政课而言,课堂教学是其常态化的思政课教学,而"大思政课"为学生提供了宏观视野,使他们能够从更广阔的视角理解社会现象和问题,将课堂所学与社会实践相结合,培养解决实际问题的能力,可以成为"多棱镜"。与此同时,中华优秀传统文化作为"望远镜",帮助学生穿越历史长河,洞察古人的智慧与价值观,从中汲取精神滋养,塑造正确的世界观、人生观和价值观,增强文化自信和民族自豪感。高中思政课作为"显微镜",引导学生深入剖析社会现象和问题,理解其本质和规律,培养学生的思辨能力和政治素养,为他们未来的学习、工作和生活奠定坚实的思想基础。

（一）"大思政课"课程概述

"寻找失落的古法技艺"（简称"古法课堂"）是一门"大思政课"。该课程将课堂教学与实践探究相结合,将思想政治课与语文、数学、历史、地理、物理、化学、劳技等学科的基本知识相结合,与实际探究的古法技艺相结合,在寻找中探究古法技艺的前世今生,力图将失落、没落、陨落的古法技艺与现代文明相结合,与中国特色社会主义文化相结合,与新时代未成年人思想道德建设相结合,与学生的科技创新能力、生态教育相结合,从学生能力所及出发,对富含深厚历史底蕴、蕴含中华优秀传统文化思想的古法技艺进行创造性转化和创新性发展。

该课程以培养学生"得诸社会还诸社会"的创造力、实践力、健康力、审美力、思维力五大能力为导向,运用课程引领的方式扎实推进总体育人目标,让每一个备受社会各界人士支持和帮助的学生在课程学习中,亲历体悟"滴水之恩,涌泉相报,与善同行,方能致远"的道理。

（二）课程目标

1. 学生培养目标

根据学生不同的年龄特点,阶梯式设置"大思政课"课程目标。高中年级在了解、体验古法技艺的基础上,对于古法技艺进行应用型研究,从而实现古法技艺"双创"性发展。具体目标如下。

（1）通过寻找城市、乡间的古法技艺,培养学生关注生活、热爱生活,主动传承中华优秀传统文化的优良品质。

（2）通过古法课堂学习,培养学生热爱劳动、崇尚劳动的价值追求。

（3）通过古法课堂中对匠人匠心的学习,培养学生爱岗敬业、甘于奉献的良好职业道德品格。

（4）通过古法课堂的探究性学习,培养学生产生新思想、新发现和创新新事物的能力（即创造力）。

（5）通过古法课堂的探究性学习,培养学生掌握某种生存技能的能力（即生存力）。

（6）通过古法课堂的探究性学习,培养学生形成头脑对于客观事物反映、概括、归纳的能力（即思维力）。

（7）通过古法课堂的探究性学习,培养学生形成积极向上的健康心态和价值观念的能力（即健康力）。

（8）通过古法课堂的探究性学习,培养学生形成感受、鉴赏、评价和创造美的能力（即审美力）。

2. 教师培养目标

（1）在"应试教育"到"素质教育"转变过程中,促进教师的教育理念和方法实施的有效性转变和创造性发展。

（2）在推进古法课堂校本研修的过程中,教师自身的专业化基础得到进一步夯实,教育的专业化水平得到有效提升。

（3）在推进古法课堂校本研修的过程中,教师的课程研发能力、课题的指导能力得到切实性的跃升。

（4）在推进古法课堂校本研修的过程中,教师的生涯发展得到擢升,为学校的持续性发展储备更多的人才。

（三）教学大纲

1. "大思政课"课程内容

对高中学段而言,在初中阶段开设"大思政课"前置性课程基础上,以古法课堂为例,高中阶段从学生年龄实际、认知实际出发,在分层式育人目标指引下,高一年级围绕"科技与中华优秀传统文化"主题开展"大思政课";高二年级围绕"生态与中华优秀传统文化"主题开展劳动教育"大思政课";高三年级围绕"当代文化与中华优秀传统文化"主题开展城市书院探究的"大思政课"。

2. 古法课堂具体内容

（1）古法课堂高中学习内容，见表4。

表4

古法课堂高中研究性学习内容				
年级	主题及方向	课时	内　容	目　标
高一年级	科技与古法技艺相融合	8	在原有其他类别综合实践活动课程基础上(详见学校综合实践活动课程方案)，在科技主题框架下，研究科学技术赋能古法技艺的方式与方法	知道与了解某一项古法技艺，能够运用现有的科学技术，将数字科技与古法技艺相互融合，对古法技艺实施创造性转化和创新性发展
高二年级	生态主题与古法文化相互融合	8	在原有其他类别综合实践活动课程基础上(详见学校综合实践活动课程方案)，在生态主题框架下，利用"久隆小农"生态之旅活动契机、"红色之旅"活动契机，利用隆园草本研究所的场域资源，研究古法种植与生态文明的有效结合	知道与了解某一项古法技艺，探究古法技艺的当代价值，能够对古法技艺实施创造性应用转化，从而实现生态文明的永续发展
高三年级	书院文化与古法文化相互交融	4	在原有其他类别综合实践活动课程基础上(详见学校综合实践活动课程方案)，在中国特色社会主义文化主题框架下，利用"梧桐之行吾同行　书香行"活动契机，研究书院文化与古法文化的有效结合	知道与了解书院文化中所蕴含的某一项古法技艺，探究古法技艺的当代价值，能够对书院中某一项古法文化进行创新性的推动

（2）古法课堂高中学习方法

古法课堂的研究型学习主要通过"导学—研究—反馈"三联机制展开。学生在学术指导老师与课程指导教师的带领下，从学习生活和社会生活中选择和确定研究专题，主动获取知识、应用知识、解决问题。见图4。

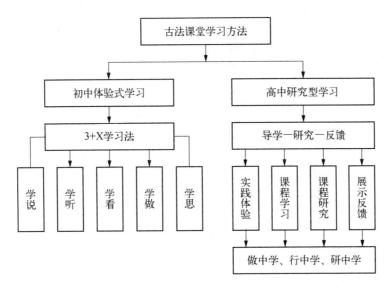

图 4 古法课堂学习方法示意图

（3）古法课堂的学习评价

高中阶段的"大思政课"课程形态除了聚焦于高中思想政治课的课程学习、实践体验，还有"大思政课"内容研究，以及在需要情况下的展示反馈。聚焦中华优秀传统文化的古法课堂，以"实践＋探究"的方式进行，在发现问题、分析问题、解决问题的基础上形成反思，以"反思性评价"来促进下一阶段内容的学习。"反思性评价"在发现问题层面，针对发现问题的敏锐性、针对性、独特性，通过问题形式引起学生的反思；在分析问题层面，针对分析问题的批判性、深刻性、系统性，考查分析的方法、深度以及全面性等问题；在解决问题层面，针对适切性、利他性和创新性维度，对问题解决的正确性、意义和创新进行有效的反思。详见表5。

表5

发现问题	1. 我能够快速确定研究方向	敏锐性
	2. 我能够及时掌握所研究问题的成因	
	3. 我想要研究的内容总有很强的目的性	针对性
	4. 我总是清晰地知道研究的对象	

续　表

发现问题	5. 我发现目前的研究都是别人已经研究过了的	独特性
	6. 我希望研究方向和别人不一样	
分析问题	1. 我在思考问题前总是依据权威的论断进行	批判性
	2. 我在想问题时会抱有一种怀疑的态度和探究的精神	
	3. 我在思考问题时总是抱着打破砂锅问到底的态度	深刻性
	4. 我认为中学生思考问题可以不需要那么复杂	
	5. 我发现自己思考问题时不太全面	系统性
	6. 我经常发现自己对研究对象了解不够,所以没什么疑问	
解决问题	1. 我认为自己研究的问题和方法是正确的	适切性
	2. 我认为自己研究问题的角度是切合实际的	
	3. 我希望研究的问题最终是对社会、对他人有帮助的	利他性
	4. 我希望自己的研究对目前的现状有正向推动作用	
	5. 我认为自己解决问题的方法总是另辟蹊径的	创新性
	6. 我认为自己研究的方法能创造新事物	

注:以上题目选项为,A. 非常不符合;B. 不太符合;C. 一般符合;D. 比较符合;E. 非常符合

"大思政课"是对传统思政课的创新与拓展,将课堂与实践相结合,在注重知识传授时,更强调实践的体验,而体验所带来的拓宽视野、培育能力的正向作用正是"大思政课"被提出、被使用、被推崇的重要原因,同时高中阶段"大思政课"所带来的探究能力、思维能力的提升,也为大学阶段培养研究型人才打下扎实基础。

1. "大思政课"注重目标的分层设计与全面培养

"大思政课"在课程目标上进行年级段系统分层设计,采用递进式的培养目标。高一年级以知道了解为主,培养学生对古法技艺的认知与兴趣,引导学生关注生活中的古法技艺,高二年级以探究提升为主,深入探究古法技

114

艺与生态的关系,培养学生在劳动中对生态文化的理解,高三年级以践行创新为主,通过城市书院探究让学生在更广阔的社会文化背景下,深入理解古法技艺的文化内涵和时代价值,培养学生的文化自信和创新思维,引导学生将传统文化与当代文化相结合,关注未来发展。这种分层递进的课程目标设计,不仅关注学生的知识积累,更注重培养学生的综合素养和能力,使学生在不同阶段都能得到适宜的发展和提升。

2. "大思政课"将跨学科融合与实践探究相结合

"大思政课"打破传统学科之间的界限,构建了一个跨学科的综合学习平台。在课程实施过程中,以实际探究对象为载体,让学生在寻找、体验和研究过程中,将各学科知识与技能运用到实际问题的解决中,实现了理论与实践的紧密结合。跨学科融合与实践探究相结合的教学方式,不仅拓宽了学生的知识视野,培养了学生的综合思维能力和解决实际问题的能力,还让学生在实践中深刻体会到中华优秀传统文化的博大精深,深入地理解和传承古法技艺,为学生的未来发展提供了坚实的知识和能力支撑。

3. "大思政课"在高中阶段采用研究型学习与三联机制的运用

学生在教师指导下,从学习生活和社会生活中选择和确定研究专题,主动获取知识、应用知识、解决问题。在导学阶段,教师通过一些引导性问题,激发学生学习兴趣,在研究阶段,学生自主收集资料,开展实地走访,进行实验操作。在反馈阶段,学生通过撰写研究报告、进行课堂展示、参与小组讨论等方式,分享自己的研究成果和心得体验,这种研究型学习与三联机制的运用,为学生提供如何学习、如何思考、如何解决问题的实践经验,为学生终身发展奠定基础。

4. "大思政课"采用全面系统的课程评价体系

"大思政课"采用课前、课中、课后三阶段的评价体系。课前关注学生探究思维的构建、探究学习方向的培养,进行学习任务前置性评价,以任务单做成评价量规,课中的评价侧重教师的教学方法、组织、教态,以及学生的学习参与度、学习积极性和反思等情况,以评价的形式引导教师和学生及时优化教学过程,修正教学行为不适宜之处。过程性评价对学生而言具有导向性和评价性双重作用。过程性评价侧重评价学生在知识、能力、素养提升等方面的实际收获,为"大思政课"的持续改进和优化提供依据。课后评价以反思促改进的评价为主,从教师反思、学生反思双重推进中实现古法课堂的育人目标。

5. "大思政课"实现教师专业发展与课程实施的协同推进

"大思政课"注重教师专业发展与课程实施的协同推进,实现了教师与课程的共同成长。通过开展研修等活动,促进教师的教育理念和方法实施的有效性转变和创造性发展,同时"大思政课"为教师提供广阔的课程研发空间和专业成长平台,不仅能够进一步夯实自身的专业化基础,提升教育的专业化水平,还能够切实提升课程研发能力、课题指导能力等多方面的能力,形成了教师与课程相互促进、共同提升的良性循环。

第二节 "大思政课"目前存在的问题

"大思政课"是充分凸显高中思政课实践性的重要课程形态,是构建理论与实践相结合的创新教育视角,同时也是学生抬头看世界的重要学习平台,但在"大思政课"课程形态推进过程中遇到了一些问题和阻碍,主要有以下几个方面。

一、"大思政课"教学资源整合难度大

"大思政课"追求"纵向贯通,横向协同"的教学方法。需要在大中小学思政课一体化的前提下,协同社会、学校、家庭等三方资源,让学生在实践中理解理论知识,并且也能将所学的课本理论知识运用于实践中。但随着高中学段课业压力的逐渐加大,课程进度安排无法让学生充分进行"大思政课"的学习,更多的是"嵌入式"的学习方式,间断性采用。对教师的调研结果显示,在教学方法方面对于传统文化的融入思政课教学中,22.12%的教师首选讲授法,38.72%的教师首选情境教学法,首选小组讨论法的占18.76%,实践探究学习占15.01%,多媒体教学法占5.39%。从首选数据而言,"双新"背景下情境教学法是教师们首选比例较高的教学方法,实践教学法排出前三名。究其原因,教师都认为,实践探究法在高中思政课探究式学习中具有巨大作用,特别是中华优秀传统文化,学生亲历的实践体验教学效果会非常好,但实际的学业压力,让实践体验的课时大大缩减,大多数只能在暑假、寒假中进行。

"开门办思政课"[1]为"大思政课"怎么办指明方向。由此可见,要上好

---

[1] 教育部等十部门关于印发《全面推进"大思政课"建设的工作方案》的通知[EB/OL].(2022-08-24)[2025-01-30]. http://www.gov.cn/zhengce/zhengceku/2022-08/24/content_5706623.htm.

"大思政课"的课程形态,需要思政教师打开大门"引资源"。然而整合资源、引进资源是需要花费大量的人力、物力、财力的。找资源、引资源对一线的思政课教师而言,在实际实施过程中会有一些难度和障碍。主要表现在以下几方面。第一,学校与其他社会各方的联动不够紧密。学校是教育领域重要的主体之一,而中华优秀传统文化涉及的领域有文化领域、商业领域等。各领域之间的陌生感以及熟知度的缺乏让整合"大思政课"资源成为较为困难的事情。第二,中华优秀传统文化融入高中思政课,会涉及思政课与其他学科之间的融合学习。作为只具有思想政治理论知识的思政教师,要整合的资源是跨学科性质的,对思政教师而言整合什么、如何整合也具有一定的挑战性。第三,整合多方资源进行"大思政课"建设,以中华优秀传统文化为例,整合的资源来自各文化场馆、非遗传承人、民间艺术家等,这些都能成为"大思政课"的"大师资"。这些"大师资"丰富了"大思政课"的师资力量,但这些"大师资"的教学方法和教学手段,与课堂教学相比有一定的差异,因此整合资源后,如何提质增效是需要考虑的问题。

二、"大思政课"大中小学衔接有重叠和倒置现象

"大思政课"课程形态是新时代思政课注入丰富内容、增加课程活力和创新力的重要课程形态,因此受到大中小学思政课教师欢迎。但怎样让"大思政课"能够以螺旋式上升的方式推进,是目前需要考虑的重要问题。

目前"大思政课"在大、中、小学校思政课上都有开展。以中华优秀传统文化融入思政课为例。中华优秀传统文化作为过去历史长河中留下的历史印记,在小学、初中都以故事、传说等形式引入思政课,随着沉浸式教育逐渐铺开,小学、初中学生会在一些传统文化场馆亲身体验一些古法技艺的制作工艺。例如当下比较流行的漆扇制作、珐琅掐丝工艺的工艺品制作,都受到小学、初中学生的欢迎。在涉及中华优秀传统文化内容时,小学、初中阶段的教师会指导学生穿着"汉服"、佩戴一些"传统头饰",以"穿越"的形式更近距离地进入为内容所创设的传统文化情境中。到了高中和大学阶段,在学习中华优秀传统文化时,是否还有必要运用以上的教育手段? 如果运用了,

是否存在教育内容的重叠，以至于出现教育目标停留在表面等问题，都值得引起重视。

　　思政课一体化建设是基于学生成长的连续性的。要实现这一点，教育的"不间断"与"避免低水平重复"非常必要。[1] 目前在大中小学的思政课上，有些小学段的思政课为了体现思政课的难度与高度，也组织学生进行问题调研，以探究式学习来推进教学内容，例如在讲述传统文化内容时，也组织学生进行场馆调研，完成调研的作业。这种学习方法在初中、高中以及大学学段都有所开展，存在一定的教学内容倒置的现象。这种倒置现象可能会让学生对高中及大学阶段对中华优秀传统文化专题的学习产生"倦怠感""懈怠感"。同时高中阶段对中华优秀传统文化的学习，许多教师也会更多地采用探究式学习方法，这一阶段的探究式学习与大学阶段的探究性学习存在雷同性。雷同性在一定程度上打破了中华优秀传统文化在大中小学思政课学习中的连贯性。在对高中思政教师进行课程衔接方面进行调查时，调查题目为："在将中华优秀传统文化融入高中思政课的过程中，您认为与小学、初中和大学思政课在衔接方面存在的主要问题。"25.02%的教师选择了内容衔接不够紧密、缺乏连贯性和递进性，21.24%的教师认为教学目标不明确，各学段缺乏统一协同性，14.32%的教师选择教学方法不一致，各学段缺乏协同性，39.42%的教师认为缺乏有效的沟通机制，各学段教师之间交流不足。由此可见，交流不足、内容衔接不够紧密，成为"大思政课"出现倒置和重复的最重要的原因。

　　大思政课在大中小学段的重复和倒置对于评价学生表现和结果都可能存在一定的偏差。评价对学生而言最直接的功能是反馈和评估，作为学习主体的学生通过评价能够发现自己的长处和短处，以便于在下一阶段能够更好地完成学业任务。但重复和倒置的学习使评价存在不精准性和偏差性的问题，对学习能力中等以下的学生而言，对其学习自信的建立存在一定的影响，同时对学习能力较强的学生而言，重复性学习会减弱其学习的积极性

1　李晓东.大中小学思政课一体化建设如何走向内涵式发展[J].人民教育,2024(5)：14-17.

和动力。

三、"大思政课""教"与"学"主体的投入不足

　　教师是教育的传授者,也是设计者。"大思政课"是"开门办思政课,强化问题意识、突出实践导向"[1]的课程形态,要求教师具备资源整合能力、问题发现能力、实践导向能力。中华优秀传统文化内容丰赡、情感醇厚,在高中思政课上要"讲"好中华优秀传统文化,"融"好中华优秀传统文化,需要高中思政课教师在课前、课中、课后投入更多的研究。部分高中思政课教师对于中华优秀传统文化内涵与价值挖掘得不够深入,难以将其与思政课教学内容有机结合,导致中华优秀传统文化素材仅仅成为高中思政课课堂教学的一份材料,没有深入研究中华优秀传统文化内涵,没有对马克思主义基本原理有较为全面的理解,就无法真正地落实"两个结合"。在对高中思政课教师进行有关支持方面调查问卷时,在问及教师希望从学校或其他教育部门获得哪些最需要的支持时,有 69.42% 的高中思政课教师选择希望获得中华优秀传统文化方面的专业培训机会,提升自身文化素养;14.56% 教师选择获取更加丰富的文化教学资源,10.46% 的教师选择提供与文化相关的跨学科融合教研,促进各科教师之间的相互学习,5.56% 的教师选择提供实践体验和文化体验的活动经费,以支持文化实践活动的开展。从选择数据看出:教师在知晓文化理解素养不够的前提下,希望进一步提升素养的意愿十分强烈。同时教师也非常愿意把更多中华优秀传统文化资源融入高中思政课。

　　学生作为学习的主体,一直处于学习的核心区。教师、教育资源、教学手段都应该围绕学生学习需求展开。"大思政课"作为一种新的课程形态,需要学生全身心投入中华优秀传统文化的学习中,需要学生在师生共同创设的情境中深入探究中华优秀传统文化的密码。综观实际情况,在推进"大

思政课"建设中,学生对中华优秀传统文化的投入不足,也是"大思政课"推进过程中需要关注的问题,一方面,作为新时代的高中生,他们更关注的是生活的热门事件,对于中华优秀传统文化,他们是选择性关注。例如在高中生群体中,他们更加关注如何穿着传统服饰拍摄照片(俗称旅拍),喜欢购买文创产品等。另一方面,学生热衷关注中华优秀传统文化部分载体,对其内涵本身的学习和研究的兴趣不大。在传统文化的学习和参观时总是表现出走马观花、心不在焉的姿态。

学生除了对中华优秀传统文化的投入不够之外,对于"反思"这一学习习惯的养成也不够。"大思政课"在高中阶段的课程形态一般由"导学—研究—反馈"构成,从而落实"做中学、行中学、研中学"的目标,让学生能够在"研"中修正自己的行为,在反馈阶段增添反思性评价量规,旨在让学生从发现问题、分析问题、解决问题三个维度反思自己的行为表现。但通过对反思性评价量规表的反馈分析表明,部分学习态度较为不理想的学生对于反思性评价量规表不太重视,没有形成"反思"的学习品质,部分同学对于"反思"的重要性没有形成足够认识,以至于在高中思政课中对中华优秀传统文化的探究浮于表面和较为雷同。

第三节 "大思政课"课程形态优化策略

"大思政课"课程形态作为学生学习的"多棱镜",帮助学生多角度观察和理解问题,保障学生学习的多样性和学习某一事物的全面性,从而帮助学生拓宽视野,理解世界、树立正确的价值观。目前高中阶段"大思政课"所面临的一些问题应采用以下优化策略。

一、构建"一引三翼"大思政课的育人格局

高中思政课教师虽然是"大思政课"建设的组织者,但让思政教师单打独斗,做好"大思政课"建设会显得力量薄弱。因此从学校层面要建设"一引三翼"的"大思政课"育人格局。

(一)"一引三翼"的职责与功能

校长室统筹指导大思政课建设,具体发挥引领方向、制订规划、监督实施的职能。教学处具体落实"大思政课"课程安排,将思政课与其他课程进行融合,实现思政课程与课程思政的同向同行,充分落实对思政课程的具体指导,对教学质量的有效评估积极发挥"教"的作用,成为"大思政课"的"教"翼。高中思想政治课具有学校德育工作的引领性[1]。因此,德育处既可以作为学生活动策划人,也可以成为提供社会资源的助力人。德育处采用"引进来"和"走出去"相结合的原则,由思政课教师指导,组织和推进"大思政课"建设,并对学生的学习进行有效评价,达到教学评一致性,成为大思政课"学"翼。学校实训部充分发挥针对思政教师在资源开放利用中的培训作用,开设专题讲座,指导教师将学生思维与课程思维进行耦合,成为"大思政

---

1 中华人民共和国教育部. 普通高中思想政治课程标准[S]. 2017 年版 2020 年修订. 北京:人民教育出版社,2020.

课"的"训"翼。

（二）德育处整合资源形成"学翼"

从思政教师的"单打独斗"到学校"一引三翼"的整体布局，整合资源的力量呈现几何式的增长，从而实现"大思政课"教育质的飞跃。要将中华优秀传统文化融入高中思政课，教师需要事先做好充分的资源开发工作，充分利用学校德育处具有多种校外资源的优势，带领学生前往传统文化场馆进行实践探究，然后引导学生与书本的知识进行有效的融合。同时也可以将文化场馆的匠人引进学校，在学校场域中让传统技艺、文化与学生开展面对面的交流与合作。

（三）教学处协同教研形成"教翼"

教学处作为学校教学质量的指导中心，可以为思政教师搭建更多合作与交流的平台。"大思政课"本身是以思政课为主导与其他学科相融合的一种课程形态，学生在"大思政课"学习中，会涉及跨学科学习的重要内容。因此，教学处可以牵头形成不同教师之间的协作与交流，跨学科协同教研能够提升教师的专业素养，挖掘更多学科中的思政元素，实现学科融合。例如，中华优秀传统文化本身涵盖多门类的学科，思政教师要讲好中华优秀传统文化，讲活中华优秀传统文化，需要思政教师与其他学科教师进行协同教研，最终形成教学合力、育人合力。

（四）师训部挖掘培训资源形成"训翼"

首先，师训部可以系统组织教师参加培训活动，帮助教师深入理解中华优秀传统文化的核心价值，邀请文化名家讲述中华优秀传统文化的发展脉络，帮助教师提升教养。其次，师训部整合本校教师资源，推动教师之间的交流与合作。通过建立"教师学习共同体"，"校本研修共同体"，鼓励教师开展集体备课、教学观摩和经验分享。例如，由师训部牵头，教师们共同探讨中国传统文化节日中的古代哲学思想，通过语文、数学、政治、历史、地理等学科相互启发和借鉴，不断优化教学设计，提高教学效果。最后，师训部门还可以整合丰富的文化资源，为教师提供有力的教学资源。一方面，可以与地方文化机构、博物馆、纪念馆等合作，开发具有地域特色的文化课程资源；

另一方面,可以邀请文化专家、非遗传承人等走进校园,开展文化讲座和实践活动,让学生近距离感受传统文化的魅力。

二、梳理课程内容实现阶梯式学习

(一)螺旋式推进中华优秀传统文化内容学习

根据不同学段学生的认知水平,小学阶段启蒙式学习、初中阶段体验式学习、高中阶段常识性学习,以及大学阶段的研究性学习,对中华优秀传统文化的内容进行筛选和整合。小学阶段选择简单易懂、贴近生活的传统文化元素,如传统节日、民间故事等;初中阶段增加对传统文化经典著作的阅读和理解;高中阶段深入探讨传统文化中的哲学思想、伦理观念等;大学阶段则聚焦于传统文化的现代价值和创新发展。面对高中思想政治课,"大思政课"的课程形态是要讲清楚中华优秀传统文化为什么要发展和怎样发展的问题。与初中"文化自信"的内容相比,高中阶段的传统文化学习是将文化发展与哲学思想融合起来的一种递进式学习内容。因此,各学段思政教师要摒弃"越深刻越好"的教育方式,遵循学生的认知规律和学习规律,以教学目标为依据,以教材内容为蓝本,将中华优秀传统文化循序渐进地融入思政课中,有步骤、有方法地渗透到学生的脑海中。

(二)搭建学习支架完成各学段学习内容

"大思政课"的课程形态强调实践的导向作用。实践的推进也是层层深入的过程,在实际的学习进程中还是会涉及小学、初中学段所运用到的一些学习方法。例如在带领学生进一步了解"灶文化"的发展时,可以让学生在瓷碟上动手创作一些"灶画",这一学习环节在小学与初中阶段的学习方式中也经历过,同时也可以组织一些适合高中生年龄阶段的实践研究项目或问题,最终让学生将中华优秀传统文化与哲学思想结合起来,从而更好地理解中华优秀传统文化,传承中华优秀传统文化。哲学的发展需要吸取足够的养分,中华优秀传统文化为哲学思想的创新提供丰富的教材和资源,马克思主义哲学与中华优秀传统文化的融合,可以创造出更加符合中国国情和时代需求的理论体系,提升自身理论的文化自信,构建学生心中的文化自信。

三、教师层面构建"文化育人"能力体系

"学然后知不足，教然后知困"，教师通过学习才能发现自己的不足。思政教师在进行"大思政课"教学过程中，为了实现中华优秀传统文化融入高中思政课，需要了解更多有关中华优秀传统文化内容的知识。

(一) 搭建"文化育人"的师训平台

对于初职教师可以采用通过模拟高中思政课教学场景，展示在课堂中融入中华优秀传统文化时遇到的可能性问题，如学生兴趣不高、文化内涵挖掘不足等，让教师在情境中思考解决问题的方案，并可以利用文化场景再现、实地考察与参观等方式使教师对中华优秀传统文化具有感性认识。

之前对思政教师的调查研究表明，教师接受培训的意愿很高。因此，包括高中思政教师在内的所有思政人要搭建深度学习中华优秀传统文化的实训平台。面对中小学教师提升中华文化素养的要求，可以依托高校相关专业的研究型教师对中小学教师进行专题培训。以领会"第二个结合"为培训起点，通过对"为什么要信仰马克思主义进行理论性阐述"，促进教师进一步了解中国特色社会主义理论体系从哪里来，对儒释道等国学智慧进一步理解，以及对中华文明的安身立命之道进行进一步的阐释，让中小学思政教师全面、系统地理解为什么要有"第二个结合""何以进行结合"的问题。

(二) 搭建"文化育人"的协作学习平台

萧伯纳的苹果交换理论告诉人们，思想的交换能促使交换个体各自思想的丰盈和充实。高中思政课教师之间在培训过程中围绕特定的传统文化主题，通过共同收集资料，分析问题、设计教学方案，促进教师之间知识的共享和思想的交汇、情感的交流。

"大思政课"课程形态本身具有跨学科学习的特点。思政教师与语文、数学等学科教师进行跨学科协作，共同探讨如何将中华优秀传统文化融入不同学科的教学中。例如，与语文老师共同探究古诗词中的民本思想；与生物老师探究古法种植技艺与生态保护之间的内在联系，促进绿色发展；与化学老师一起测试古法纸张与机制宣纸相比是否更具吸水性、失水性，从而探

究古法纸张的环保价值。跨校际教师之间也能够构建教学共同体,定期开展以"中华优秀传统文化"为主题的"大思政课"研讨,推动教师在共同体中分享实践经验与困惑,形成良好的协作氛围。

(三)组织"文化育人"的体验活动

组织学生进行文化体验活动,在"大思政课"课程形态中,教师首先可以亲历文化体验活动。学校创设一些非遗技艺学习,例如扎染布料的制作、蚕丝扇的制作等。高中思政课教师通过亲历体验,对中华优秀传统文化具有更加具象化的认识,以自己的体验推动学生的体验,以自己的感受带动学生的感受。

在"大思政课"中馆校结合是热门结合点,思政课教师要学会设计场馆资源与课本知识相结合,将中华优秀传统文化融入高中思政课中,高中思政教师要学会把传统文化场馆知识与本书的文化知识、哲学思想结合起来,例如在组织学生参观民俗文化馆前,先试图自行前往民俗馆进行前置性探究,设计导学任务单,以便于学生能够带着问题去参观、带着思考去实践。通过教师的文化成果展示,提升教师的学习效能感。通过文化成果展示会、教学观摩等形式,让高中思政教师分享自己的文化体验和教学实践成果,增强高中思政教师的文化自信和教学动力。

四、学生层面打造"感悟文化"的动力体系

(一)搭建文化认知走向价值认同的桥梁

中华优秀传统文化内容在高中思政课教材中呈现散状分布特点,导致教师难以系统教授,学生难以形成整体性学习结果。因此,整合教学内容是首先要解决的问题。

首先,可以对教材内容进行主题式整合,例如以"民为邦本"为主线,可以与语文中经典文本或与社会主义核心价值观对接,构建起从传统到现代的价值认知链条。这种整合不仅帮助高中学生理解传统文化的传承性,还能使他们认识到传统文化在现代社会中的现实意义。

其次,丰富素材的细节和形式。"大思政课"要利用身边资源,将中华优

秀传统文化文本内容与现今学生的生活结合起来,例如利用"街市文化""地摊经济"将民俗文化、节日文化通过手工艺品呈现出来,使学生在身边的情境中感受文化温度。让学生在熟悉的街景文化中寻觅到中华优秀传统文化的身影,增强学生的熟悉度和兴趣度。通过系统整合,将零散的传统文化知识点与现代思想政治教育内容相结合,促进育人目标的达成。例如将中华优秀传统美德与现代公民道德教育相结合,帮助学生形成现代价值观。这种整合不仅丰富了高中思政课内容,也为"大思政课"提供了深厚的传统文化支撑,帮助学生从认知走向认同,在"感悟文化"中真正实现"以文化人"的教育目标。

（二）创新教学形态,让文化在课堂中"立"起来

让文化"立"起来,力争让文化不停留在纸上,而是将文化树立在学生面前。"大思政课"强调创新和体验,通过创新教学形式来激发学生兴趣。由于传统文化与现代社会相隔较远,可以利用现代教学技术,如 VR、视频等,将传统文化立体式地呈现在课堂上。

开展多样化的教学活动,将传统文化"立"起来。议题式教学围绕"灶文化还有传承的必要吗?"展开辩论,引导学生思考传统文化在现代社会中的实用价值有多大;项目式学习要求学生设计校园传统节日活动方案,将"俭以养德"的传统文化理念融入学生活动预算测控中;小组讨论则可以聚焦"非遗传承的青年责任",让学生在合作中深化对中华传统文化的理解。

（三）构建全时空的文化育人生态

"大思政课"注重拓宽育人场域,营造浓厚的文化环境。

首先,学校可以通过建设校园文化墙等方式,营造校园内的文化氛围。例如展示富含古法技艺的展品,开设古法技艺讲堂,充分挖掘网络资源,让学生扫码即可聆听古法技艺的声音,聆听"民本思想"的古今吟诵。

其次,挖掘社会资源,建立"博物馆教育联合体",让学生在博物馆参观文物修复现场,并撰写"文物保护与文化自信"的思政研究报告;在非遗工坊完成传统技艺的数字化转化项目。这些活动使学生在真实传统文化场景中感受文化的魅力,丰富学养的同时,增强对中华优秀传统文化的认同感。

第四节　"大思政课"课程形态案例设计

中华优秀传统文化的当代价值
——以贵州皮纸为例

统编版高中思想政治教材必修 4《哲学与文化》第三单元《文化传承与文化创新》第七课第二目第二框《中华优秀传统文化的当代价值》,是将中华优秀传统文化与现代社会相结合的内容。充分利用"大思政课"将课堂知识与社会实践相结合,将研学过程中见到的古法造纸技术与高中思政课程内容结合,实现中华优秀传统文化与思政课的融合发展。贵州皮纸作为中华古法造纸类型之一,需要在新时代传承和发展,本堂课围绕皮纸的当代价值展开。

一、教学目标

(一) 政治认同

通过亲历贵州皮纸制作现场,了解贵州皮纸古法制作过程,深刻认识古人古法造纸的勤劳智慧,体会古法技艺的巧发奇中和工匠精神的巧夺天工之处,增强学生对中华优秀传统文化的认同感和民族自豪感,树立文化自信。

(二) 科学精神

实地了解贵州皮纸销售现状,通过多平台调查研究皮纸受众,为皮纸推广与应用寻求客观数据。对皮纸性能与机器宣纸进行实验比对和数据分析,培养学生理性分析能力和科学探究精神。

(三) 公共参与

通过组织学生将贵州皮纸运用于校园文化墙设计,提升学生的公共参与意识和校园主人翁精神,自觉投身校园文化建设中。

二、教学背景

贵州古法造纸是中国古法技艺之一，也是中华优秀传统文化的重要组成部分，具有悠久的历史和独特的工艺，古法造纸工艺的烦琐和辛劳给亲历制作现场的学生留下深刻的印象。当听说贵州皮纸目前受众很少，只能卖给美术学院的学生，学生萌生为其做推广和应用的想法。回到校园，他们对皮纸进行数据分析，在得到皮纸性状分析的数据后，萌生将皮纸用于校园文化墙上的想法，发挥中华优秀传统文化的当代价值。

三、教学过程

（一）导入环节

教师：同学们，之前我们参观了贵州古法造纸的现场，大家对贵州皮纸制作过程和文化内涵有了初步的了解。今天，我们将回到课堂，共同探究贵州皮纸在校园文化墙上的应用，以及它所体现的中华优秀传统文化的当代价值。

设计意图：通过回顾参观经历，激发学生的学习兴趣，为后续探究活动做好铺垫。

（二）实验数据探古法

教师：首先，我们来回顾一下贵州皮纸性质特点。请同学们介绍实验过程和相关的实验数据。（PPT 展示燃烧失重、显微镜结构观察、吸水性和失水性测试的图表：图 5、图 6、图 7）

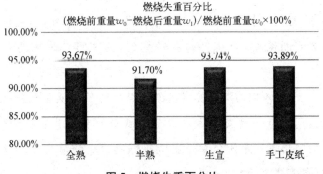

燃烧失重百分比
（燃烧前重量w_0-燃烧后重量w_1）/燃烧前重量$w_0 \times 100\%$

图 5　燃烧失重百分比

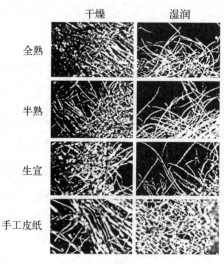

图6 显微镜结构观察

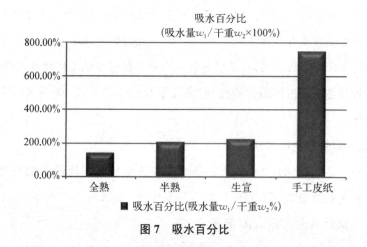

图7 吸水百分比

学生：通过我们事先与机械宣纸的性状比对，我们发现，皮纸的纤维结构更紧密，吸水性更好，燃烧后的灰烬更少，这说明它的纯度和耐久性都很高。

教师：通过同学们的汇报其实我们已经找到了皮纸受到美术学院学生欢迎的原因，同时我们也发现古法工艺的纸张的确有其独特的使用优势。接下来，我们来思考：为什么贵州皮纸能够成为非物质文化遗产？它的文化价值体现在哪些方面？

学生：贵州皮纸制作不是依靠机器，而是师傅的言传身教，口口相传，每一张纸都不一样。

学生：贵州皮纸主要用树皮和河水作为原料，天然原料和古朴的制作工艺让它一定能成为非遗。

学生：贵州皮纸的价值在于它是劳动人民的智慧，是一种古老的技艺。

设计意图：通过实验数据展示，帮助学生从更为科学的角度理解贵州皮纸的性状优势，为后续探讨其文化价值奠定基础。通过皮纸文化价值的提问，让后面的教学更聚焦当代文化价值。

(三) 学科融合说古法

教师：请同学们按小组从历史、艺术、社会和生态等多个角度结合之前的学习和参观经历，思考贵州皮纸的文化价值。

学生1：从艺术的视角来看，贵州皮纸看似粗糙，但承载着悠久的历史，反映古代劳动人民的勤劳与智慧。它的制作工艺独特，纸张中有树根的影子。

学生2：贵州皮纸从现今看来，它最大的价值在于它是纯天然材料制作而成，对生态环境保护很友好。

学生3：从社会角度看，贵州皮纸存在的历史意义大于现实意义。它的印记功能足以让更多的现代人了解它。

教师：同学们的讲述都表明皮纸应该有它极大的存在价值，但有一条新闻却反映了它的惨淡现状——《三元皮纸，一个百年产业远去的背影》。百年产业的远去警示人们什么？

学生：不是所有的产业都能成为常青树。

教师总结：我们要坚持古为今用，推陈出新。(板书一)

设计意图：通过学生分学科的讨论，体会皮纸古法技艺"天人合一"的生态思想。通过学生对皮纸价值的分析以及百年皮纸企业远去的故事，让学生理解非物质文化遗产虽有传承的必要，但是否能够得以传承还是由市场来决定的，理解古为今用、推陈出新的深刻道理。

教师：除了皮纸之外，宣纸也是起源于我国的发明。印刷术是我们的四大发明之一,宣纸作为中国的古法纸张,在国外被称为"日本纸",这一现象的背后说明了什么?

学生1:说明日本人偷取了我们的发明成果。

学生2:说明我们的宣传还不够。

教师:清华大学教授点评说道:"中国对外形象落后!"中国的老手艺成为国外的文化印记,这背后说明了什么?

(学生讨论。)

学生:我们需要加大力度弘扬中华优秀传统技艺,做好对知识产权的保护。

教师总结1:通过同学们的讨论我们不难发现,皮纸需要继续传承,因为中华文化是中华民族共同精神标志,承载着中华民族的历史记忆和文化基因。(板书二)

教师总结2:贵州皮纸的制作工艺和文化内涵体现了中华优秀传统文化中的智慧和价值观,如"天人合一"的生态观等,这些思想为解决当代社会问题提供了有益的借鉴。(板书三)

设计意图:通过对"日本宣纸"事件的分析,让学生警示并反思中华文化保护和文化传承的重要性,感悟中华优秀传统文化的重要性和当代意义。

(四) 校园文化扬古法

教师:传承与弘扬中华优秀传统文化,必须先从我们内部入手。贵州皮纸能否在其他地方使用,我们学生想了很多方法,接下来,我们来看一看各个小组设计的方案。请每个小组选派一名代表上台展示设计方案,并说明设计思路和文化内涵。

学生1:我们小组设计的文化墙作品以"莲"为主题,运用荷花出淤泥不染的自强不息精神品质,来隐喻皮纸的发展道路,也能发扬此精神,走好传承路。

学生2:我们小组利用贵州皮纸的坚硬程度做了一个灯罩,可以放在校园中。

学生3:我们小组利用贵州皮纸创作了一幅作品《希望》。总体表达对美好生活的追求与克服困难的决心。从皮纸遇到的困难我们联想到自己学习上的困难，这些困难都可以克服，因为心中有希望，我们就有力量。我们还可以将这些作品在某些平台上展出，让古法技艺的造纸文化被越来越多的世界各国人民所了解。

教师总结：通过同学们的创作和解说我们不难发现：皮纸在现今社会仍然具有广泛的用途，在刚才同学的汇报中我们也发现，中华优秀传统文化不仅对中国人能留下历史印记、能有更多的使用价值，文化还可以通过文化传播处理好国际关系：推动构建人类命运共同体。（板书四）

设计意图：通过设计方案的展示和解说，培养学生的创新能力和公共表达能力，树立学生的文化自信，培养学生的国际视野。

（五）总结升华

教师说：通过对贵州皮纸的探究活动，我们深刻认识到中华优秀传统文化的当代价值。贵州皮纸不仅是一种传统工艺品，更是文化传承与创新的重要载体。希望大家在今后的学习和生活中，继续关注和传承中华优秀传统文化，为文化强国建设贡献自己的力量。

设计意图：通过总结升华，强化学生对中华优秀传统文化的认同感，并明确自身肩负的责任，引导学生将所学知识转化为实际行动。

四、教学反思

从教学方法上，本堂课在"大思政课"课程形态下，采用课内知识学习和课外研学相结合的方式开展。学生通过研、学、创的学习环节对古法造纸技术有了全面、深刻的了解，通过课堂上教师创设的相关情境对中华优秀传统文化的当代价值也有了深刻的感悟。本课堂由于时间关系，部分有想法的学生没有让他们将自己的想法充分表达出来，在文化内涵的挖掘上还可以更深入。

第四章

跨学科学习方法：中华优秀传统文化融入高中思政课

第一节 跨学科学习的内涵及应用

一、跨学科学习内涵

科技的发展如同一场汹涌的浪潮,正在重塑人们的生活轨迹。在这样的背景下,知识融合成为时代发展的必然趋势。不同学科领域的知识不再孤立存在,而是相互交叉、相互渗透。因此,教育的发展开始从"专业教育"走向"融合教育"。

教育是人类面向未来、引领未来、创造未来的发展性事业。人类对于未来的探索,自思考世界本原时便已开始,教育内含着未来属性。[1] 直面当下与未来,人类将面临比过往任何时候都要复杂的生活环境是不争的事实。因此,普通高中课程方案中提出课程内容遵循"关联性"的原则,关注学科间的联系和整合。[2] 跨学科学习作为当下一种新型学习方法,是推进教育改革的重要抓手,也是解决目前教育困局新的教育方法。

跨学科学习的内涵最早由跨学科概念而来。"跨学科"(Interdisciplinary)一词最早由美国哥伦比亚大学的伍德沃斯于 1926 年提出,最早跨学科是指超越一个已知的边界而进行的涉及两个或两个以上学科的实践活动。[3] 随着跨学科研究的推进,学者们对于跨学科给予了不同的定义,但跨学科的本质和内涵就是超越单一学科范畴,涉及并涵盖多门学科的整合与交叉。在跨学科学习中,学科不是孤立存在的,而是将不同学科知识、概念、技能整合在一起,形成系统性学习方法;学生也不是被动的学习者,而是学习的主动参与者;是教师引导、学生主动参与解决复杂问题而进行的综合性探究

---

1 王振存,张清宇.教育与未来:未来教育学建构的可能与选择[J].教育研究,2023,44(12):55 - 68.
2 中华人民共和国教育部.普通高中思想政治课程标准[S].2017 年版 2020 年修订.北京:人民教育出版社,2020.
3 章成志,吴小兰.跨学科研究综述[J].情报学报,2017,36(5):523 - 525.

137

学习。

　　跨学科学习有利于丰富教学内容,增强课程吸引力。传统的高中思政课教学往往侧重于理论知识的传授,形式较为单一,容易让学生感到枯燥乏味。跨学科学习的引入,能够打破这种局限,将学生作为学习主体,将中华优秀传统文化中的丰富元素与高中思政课内容有机结合。例如富有思辨性的哲学思想、丰富的历史故事、古典的文学艺术等。

　　跨学科学习有利于增强课程的趣味性和感染性。中华优秀传统文化中蓄存着较多令人动情、震撼的故事。跨学科打破学科之间的壁垒,融合多种其他学科的教学知识和技能,不仅丰富教学过程,而且充分发挥学生在学习过程中的主动性、积极性,增强了课堂教学的感染力。

　　跨学科学习为高中思政课汇聚更多丰富的教学素材。从"跨"到"融"的过程让多种学科多类素材在课堂聚集形成新的教学力量,多元化的教学素材也能够帮助学生更深刻理解中华优秀传统文化的精髓,帮助学生从不同角度理解高中思政课的诸多核心内容,使课堂多彩缤纷。

　　跨学科学习满足学生个性学习需求。随着学生对中华优秀传统文化的兴趣日益浓厚,一门学科难以满足学生对传统文化知识的个性化需求,跨学科学习将多个学科进行融合汇集,学生在实践活动或项目化学习等学习形式中能运用到自己感兴趣的学习形式,极大地激发学习热情,使高中思政课成为他们喜欢的课程。

二、跨学科学习特点

(一) 活动性与实践性

　　高中思政课的跨学科学习强调学生主体的"动"与"践"。"动"的主体是学生,跨学科学习培养学生的主体性,教师成为引导者。教师通过一定的教学手段或其他互动方式,鼓励学生主动思考和表达观点,增强课堂参与度。中华优秀传统文化融入高中思政课看似是知识融入,但"融入"的目的还是指向学生主体,融入学生的思想和意识形态中。因此,学生在整个过程中从被动参与到主动参与,主动思考、主动践行,始终是教育追求的目标。

在跨学科学习中设计实践活动,增强实践性。马克思认为,教育是由社会关系所决定的,是"由社会通过学校等等进行的直接或间接的干涉决定的"[1]。新时代实践育人是教育重要的价值导向之一,能让学生在实践中学会运用所学知识解决问题,从而实现育人的目标。跨学科学习引导学生在实践中增强学习兴趣和提高参与度,同时在实践中促进知识的理解,将抽象的知识通过实践更加具象化,通过亲身体验和实践操作,学生更加深入理解和掌握知识,实现对中华优秀传统文化内化式理解。

（二）知识性与融合性

中华优秀传统文化是一门专项的文化课,但也涵盖诸多学科的知识。跨学科学习为中华优秀传统文化融入高中思政课提供"跨"的场域,没有将传统文化简单地作为一个整体性的知识在学习,而是从"跨"的视角先将中华优秀传统文化以不同的学科进行教学,丰富高中思政课知识体系,促进学生在学习中增强对本民族的荣誉感与归属感。

跨学科学习是从"跨"的视角出发指向"融合"。将中华优秀传统文化融入高中思政课,跨学科学习有机融合学科知识,培养学生从多个学科视角解决所要研究的问题。跨学科学习是师生共同完成的一项教学进程。教师创设多种教学方法,如情境教学、实践教学等,学生采用多种学习方法,如项目化学习、小组合作学习等,具有多种教学方法和学习方法的融合。同时,跨学科学习过程也是理论和实践融合教学的过程,充分体现中华优秀传统文化"知行合一"的理念,实现文化育人与思政育人的融合目标。

（三）驱动性与导向性

跨学科学习是一种多学科融合的教学方法,也是一种多元化教学手段。高中学生在学习中华优秀传统文化时可以运用问题驱动激发学生的学习动力。帮助学生打开思维格局,激发学生好奇心与探究欲望,推动学生主动学习。跨学科项目化的学习则是在寻找问题中思考解决问题的方法,让学生在解决具体问题时,深入理解中华优秀传统文化的时代价值,跨学科学习强

1　中共中央马克思恩格斯列宁斯大林著作编译局.共产党宣言[M].北京：人民出版社,2014.

调实践性。实践活动以任务链为载体,学生在实践中运用知识,同时也在实践活动中驱动知识与知识之间的深度融合。

聚焦核心素养,是目前高中思政课指向的目标。中华优秀传统文化融入高中思政课,在创设的真实情境中引导学生在解决问题过程中实现知识向素养的转化,实现素养导向。跨学科学习围绕"双新"目标的基本要求,整合不同学科的学科特点和任务,在明确的教学方法和路径中,采用多种教学手段,体现目标导向和方法导向,因此具有导向性。导向性促使跨学科学习在具有学理依据的同时更加具有方向性,是多种学科知识有机的融合。

三、跨学科学习应用

中华优秀传统文化融入高中思政课的跨学科学习,有多种"跨"的标准,首先可以将跨学科学习与高中思想政治教材进行有机融合。以思想政治教育为主线,以统编教材为蓝本开设聚焦中华文化主题的跨学科学习。

活动一：统编版高中思想政治教材必修 4《哲学与文化》第三单元第七课《继承发展中华优秀传统文化》——《大克鼎：国之重器与文化传承》

本单元以习近平文化思想为指导,继承和弘扬中华优秀传统文化,学习和借鉴外来文化优秀成果,发展中国特色社会主义文化。因此,从某一文化载体出发,通过讲述其背后的故事,引出中华优秀传统文化的主要内容及特点,引导学生理解中华优秀传统文化的当代价值,以及现今社会如何正确对待中华传统文化。

(一) 教学目标

政治认同：通过对镇馆之宝大克鼎的历史背景和制作工艺的学习,了解西周的礼仪文化、土地制度文化,增进对中华优秀传统文化的理解,树立文化自信。

科学精神：引领学生运用其他学科知识对青铜器制作成分和制作工艺进行探究,培养学生严谨的治学态度和探索精神。

公共参与：鼓励学生通过自己的文化宣讲、场馆讲解等实践活动积极参与文物保护、文化传承的实践活动,培养学生作为公民的公共参与意识。

（二）教学背景

中华优秀传统文化博大精深，包罗万象。围绕一个文化物质载体展开讨论，可以增进学生的理解。大克鼎是上海博物馆的镇馆之宝，高中生对其知晓度较高，通过一堂课、一件物为代表讲述中华优秀传统文化的内容和特点，使教学内容聚焦，学习有深度。

（三）教学步骤

1. 教学情境导入：学生了解大克鼎的由来、历史发展进程以及文物背后的故事。

2. 跨学科探究：各学科根据学科特点和学科知识组织不同方式的探究。

（1）对大克鼎历史背景进行探究并组织小组讨论，讨论大克鼎铭文对理解当时社会结构和制度的价值（从历史学科视角）。

（2）展开对大克鼎铭文的文字鉴赏，对其进行文化内涵探究（从语文学科视角）。

（3）对大克鼎青铜器进行材料分析，设计实验方案，提出保护大克鼎的方法（从化学学科视角）。

（4）对大克鼎进行艺术赏析，设计与大克鼎相关的符号或海报（从美术学科视角）。

3. 实践探究：学生分组扮演博物馆讲解员，进行大克鼎的讲解表演。

4. 主题讨论：

讨论主题一：大克鼎的造型与文化内涵

问题1：大克鼎的造型和纹饰体现了哪些中华优秀传统文化的特点？

问题2：大克鼎的造型与现代设计中的"形式与功能"理念有何相似之处？

问题3：为什么鼎在中国文化中被赋予如此重要的象征意义？

讨论主题二：大克鼎铭文与中华文化的价值观

问题4：大克鼎铭文记录了哪些西周时期的社会制度和文化观念？

问题5：从大克鼎铭文中我们可以学到哪些关于"德"的观念？

（四）反思总结

学生结合之前所经历的跨学科教学过程，总结中华优秀传统文化的内容和特点以及当代价值。在高中思想政治课中，运用跨学科学习的方法将中华优秀传统文化融入书本知识之中，学生能够从多个视角理解中华优秀传统文化的历史和变迁，学生能够认识到中华优秀传统文化的传承与发展是一个动态过程，从而树立正确的历史观和文化观，具体表现为以下几点。

1. 系统性呈现中华优秀传统文化的内涵

大克鼎是一件青铜器，但其中蕴含的艺术风格、铸造技术以及文化思想观念，通过跨学科教学可以从多种学科视角、多方面地呈现中华优秀传统文化的内涵。铭文的欣赏涵盖了哲学思想、语言表达、艺术创作、历史呈现等多个方面，对青铜器成分进行的实验分析又开启了对铸造技术的探究。

2. 整体性增强学生对中华优秀传统文化的认知

对比跨学科教学与传统单科教学，跨学科教学打破学科壁垒，帮助学生从不同的专业学科视角理解大克鼎各方面布局，从而整体理解大克鼎。理解大克鼎是为了更好地理解中华优秀传统文化的深厚内涵、历史脉络以及对现代化社会的价值和意义。

3. 趣味性提升高中思政课学生的学习兴趣

高中思政课教学内容理论性相对较强，中华优秀传统文化内容相对抽象，容易让学生感觉枯燥，跨学科教学打破传统教学的单一性认知，在不同学科的融合中，不同学科教学方法交叠在一起，形成融合中的互补、互补中的协同、协同中的创新。

4. 思辨性提升多文化视角

中华优秀传统文化本身就涵盖了多学科视角，大克鼎作为中华优秀传统文化的代表进入高中思政课，除了落实思政课的核心素养，同时还汇聚了多学科视角，学生从不同学科视角对其进行分析，提升学生理性分析的能力。从历史视角学生思考鼎铭文反映的政治制度和社会结构。从艺术视角学生可以分析大克鼎造型，思考其艺术价值。高中思政课视角思考大克鼎为什么成为镇馆之宝，它对增强民族自豪感和文化认同感有什么重要意义。

中华优秀传统文化融入高中思政课的跨学科学习，除了与高中思政课教材相结合，还可以将高中思政课和"社会大课堂"相结合，形成以学生实践探究为主围绕某个主题开展的跨学科主题学习。

根据2022年《义务教育课程方案和课程标准》的规定，"要求各门课程用不少于10％的课时设计跨学科主题学习"[1]。足以看出对跨学科主题学习的重视程度。高中思想政治课是"社会大课堂"与"思政小课堂"相结合的课程。高中思政课要与实践活动相结合，在实践活动中发现需要研究的问题，在探索中找到所要解决问题的答案，使学生从被动学习走向主动学习。

活动二：《铁皮石斛饮品：从红色之旅到高中生健康生活》

（一）教学目标

政治认同：通过了解铁皮石斛的传统药用价值和现代应用，增强学生对中华优秀传统文化的认同感，树立文化自信。引导学生认识到传统中医药文化在现代生活中的价值，增强对中国特色社会主义文化的认同。

科学精神：探究铁皮石斛饮品的科学价值，培养学生运用科学方法分析问题的能力。通过跨学科探究，帮助学生理解传统中医药与现代科技的结合。

公共参与：鼓励学生参与关于铁皮石斛饮品的调研活动，培养学生公共参与意识，提升社会责任感。

（二）教学背景

选择铁皮石斛这一主题，主要基于学生在"红色之旅"实践活动中，前往云南省广南县铁皮石斛草药种植基地进行实践走访活动。通过走访，学生对铁皮石斛的药用价值有较为清晰的了解，但是在食用其制作的饮品时都表现出排斥的情绪，这一反常的举动引起学生的探究兴趣。本课围绕如何计铁皮石斛养生饮品受高中生欢迎的对策展开。

（三）教学过程

1. 教学情境导入

教师说：铁皮石斛养生饮品在中学生群体中受冷，我们是否有良策让

1　中华人民共和国教育部. 义务教育课程方案和课程标准[S]. 2022年版. 北京：北京师范大学出版社，2022.

仙草成为学生群体欢迎的健康性饮品？接下来我们开始今天的学习。

2. 仙草"跨"学习

教师说：各学科根据学科特点和学科知识进行不同侧重的研究。

（1）从草药书本出发，探究铁皮石斛的历史演绎背景及其在传统中医药中的地位（从历史学科视角出发）。

（2）查阅文献资料，了解铁皮石斛的营养成分及其健康价值。知道铁皮石斛中的多糖、氨基酸等成分及其对人体的益处（从生物学科视角出发）。

（3）开展问卷调查，利用市场经济的基本原理，分析铁皮石斛饮品在中学生群体中不受欢迎的原因。了解中学生对口感的喜好习惯（从高中思想政治学科视角出发）。

教师：以"第二个结合"为宗旨，探讨提升中学生对传统养生文化的兴趣度，并撰写倡议书。

3. 学生"勇"探究

（1）学生分组尝试制作简单的铁皮石斛饮品（如铁皮石斛茶、复合果汁等），感受其制作过程。

（2）通过市场调研，学生分组撰写石斛饮品不受欢迎的调研报告。

（3）各小组展示制作的饮品和汇报调研报告，分享学习体会。

学生：各小组分享学习成果，并提出对铁皮石斛饮品改进的建议。

4. 教学总结

教师：各组同学通过各自亲历制作和探究性学习对石斛饮品的改良提出了自己的意见和建议，但建议的思考角度从哪些方面入手，是我们完善建议的重要参考依据。

5. 教学反思

本堂课运用跨学科主题学习，围绕"石斛饮品如何受中学生欢迎"这一议题展开，结合历史、生物、思想政治学科知识开展不同角度的探究，使不同小组的学生实现探究知识的相互融合，提高探究的效率。同时，建议的分享也促使学生从原本小组的思维集合上升形成班级群体的思维集合，拓宽思维的广度，跨学科的学习也使原本泛泛的研究走向协同的深度研究中。

四、跨学科学习的意义

跨学科学习是在跨学科教学基础上更加注重学生的学习主动性,发挥学生学习主体性的学习方法,同样是在"跨"域视角下进行学科融合的学习方法,具体有以下意义。

(一)综合性实现多学科融合与综合能力培养

跨学科学习在"跨"域视角下从学科的分化走向学科融合,将不同学科的知识和方法整合在一起,帮助学生从多角度全面理解问题,从单一学科局限性走向多种学科的互补性。通过这种跨学科融合学习,培养学生分析问题的综合性和整体性视角,提升知识的整合与应用能力。

(二)实践性提升学生动手能力

跨学科学习强调学生主体理论与实践相结合的原则,高中思想政治课本身具有实践性,即从生活中发现的某一问题出发,通过社会调查,动手操作完成实践活动,学生在实践中将知识转化为实际分析问题、解决问题的能力。实践性学习不仅提高学生的学习兴趣,还培养其动手能力和创新精神,增强了学生学习的现实意义。

(三)创新性提升知识整合能力

跨学科学习鼓励学生用不同学科知识思考问题,提出创新性的解决方案。中华优秀传统文化本身就极具综合性,这就要求教师引导学生将任务按学科进行分解,力求使探究更具目的性。通过探究分享后进行知识的重新整合与应用,跨学科主题学习从"分"到"融"的过程使学生在创新性学习过程中形成新的知识体系和多学科思维内容。

(四)文化性实现文化传承与健康生活同向同行

跨学科学习通过深入探究中华优秀传统文化的价值,增进学生对中华优秀传统文化的了解,增强学生对中华文化的认同感和自豪感。同时,学习过程中探讨如何将中华优秀传统文化融入健康社会,体现中华优秀传统文化的文化性与现代性相结合,有助于推动中华优秀传统文化的新传承与新发展。

（五）合作性推动小组协作与知识共享

跨学科学习通常以学生开展的小组合作的形式进行,学生在小组中分工合作,共同完成任务。这种学习方式能够培养学生的团队协作能力和沟通能力,同时通过小组讨论和成果展示,促进知识的共享和思维的碰撞,快速有效地提升学习效果。

第二节　跨学科学习目前存在的问题

　　人类对教育的发展研究从未停歇过。从早期的综合教育到分科教育，中国古代的礼、乐、射、御、书、数(六艺)，古希腊的文法、辩证法、算术、几何、修辞、天文、音乐(七艺)都是早期学科教育，分科教学加强了学科的独立性、专业性、逻辑性、系统性的发展。随着知识的迅猛发展，分科教育导致学科之间产生隔阂、不平衡的问题，人们又逐步使学科教育走向融合。

　　目前，在全国范围内有多所学校开始走向跨学科学习。但跨学科学习在现有的教育场域下也呈现出诸多问题。

一、跨学科学习内容"简单叠加式"

　　跨学科学习的最终目标是学生能够通过综合运用多门学科的知识与方法解决现实中复杂、困难的问题。[1] 但目前的情况是学校的跨学科教育多采用"简单叠加式"，无论是以教师为主的跨学科教学，还是以学生为主的跨学科主题学习，都采用"1+N"的呈现方式。在对学生进行跨学科调查研究的三个问题分别是：你认为思想政治课除了用到思想政治课内容之外，还用到了其他哪些学科？你认为与思想政治学科联系最大的学科是哪个？你在学习哪些科目时用到了思想政治知识？从教师方面看：教师在思想政治跨学科教学中除了思想政治学科知识之外还会使用哪些学科内容进行补充教学？师生共同的结果显示历史与语文的选择占比较多，超过92%(见图8)。这与语文、历史学科与思政课一样都是文科类学科有关，它们本身就有一定的相关性。与文科类相比，理科类跨学科的情况要少很多。但也不难看出，思政课作为实践类课程，自身具有多种学科的融合性。产生"简

---

[1]　袁磊，王阳.数字教育背景下中小学跨学科教学的困境与应对[J].电化教育研究,2023,44(12)：91-94.

单叠加式"有诸多原因,首先是高中各类学科与其他学段相比专业性较强,分差较大,各类学科之间都有自己的研究领域和方面。高中思政教师对其他学科的熟悉程度也不够,而学生在跨学科主题学习时由于自身的知识储备原因,也无法通过多种学科知识解决所需解决的问题。其次,在一元评价的应试教育指导下,学科教育、学科评价都以单一形式出现,教师与学生没有太强烈的意识需要将其内容整合起来。同时,高中课程的进度压力也迫使跨学科教育无法在日常的课表中运用起来。

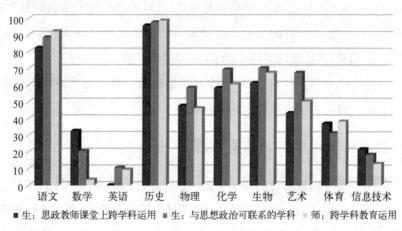

■ 生:思政教师课堂上跨学科运用　■ 生:与思想政治可联系的学科　■ 师:跨学科教育运用

图 8　师生关于高中思政课跨学科学习运用分析

二、跨学科学习方式呈现"因循守旧式"

跨学科学习方式是指以学生作为学习主体,教师在进行跨学科指导时遵循学生的基本情况以及教学内容实际的根本要求,采用的教育教学手段,旨在培养学生真实问题的解决能力,促进学生的综合发展。目前高中思想政治跨学科教育采用的方式呈现"因循守旧式"。思政教师在跨学科教学过程中,还是单一采用思政课原有的教育方式和学习方式,在对教师进行调查时发现:74.56%的教师采用讲授法进行教学,采用小组合作学习 64.34%,采用角色扮演法 38.63%,而"实验式教学法和项目化学习法"使用的机会较少(见图 9)。

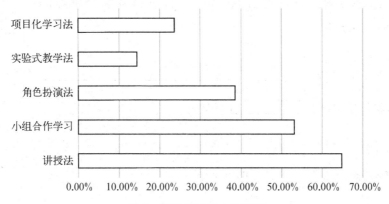

图9 跨学科学习方法分析

造成教师在跨学科教育方面"因循守旧"的原因有以下两个。一方面，高中教师面临课时压力和资源短缺等现实问题，无法充分研究新的教育方法。项目化学习、实践探究法都需要花费大量的时间，是在一段时间后才能呈现的学习成果。同时，还需要教师在一段时间里引导学生进行学习。就目前的跨学科教育，如果要多学科融合，一节课的教育时间根本不够。另一方面，有效的跨学科教育往往需要一定的教学支撑，如多媒体设备、实验材料或外部讲座资源。如果是跨学科学习，以高中思想政治课为主跨学科，课前教师还需要寻求其他学科教师的指导和支持，才能将涉及其他学科的内容讲清楚，以任务驱动的方式传递给学生，这些客观原因也是阻碍跨学科学习实施的现实因素。

三、跨学科主题学习处于"依然如故式"

教育的每一次改革都试图激发学生的潜能与自觉，改变学生的观念和习惯。要将中华优秀传统文化融入高中思政课，跨学科教育作为当下新型教育方法，就是要激发学生的综合潜能，力争改变学生的学习观念和习惯。根据调查结果表明，在跨学科主题学习中学生采用"依然如故式"的学习方式。从调查数据看，56.35％的学生在主题学习时更喜欢听讲式学习方式，喜欢自主探究式学习的只占到 15.03％，喜欢讨论式学习方式的占比为

12.78%,喜欢合作学习的占 5.67%,喜欢实践体验类学习的比重只有
10.16%。(见图 10)

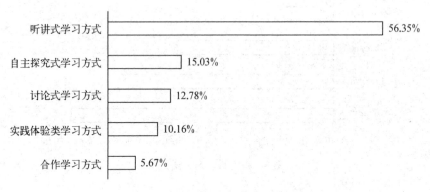

听讲式学习方式　　　　　　　　　　　　　56.35%

自主探究式学习方式　15.03%

讨论式学习方式　12.78%

实践体验类学习方式　10.16%

合作学习方式　5.67%

图 10　跨学科主题学习的学习方式

从数据分析来看,听讲式学习成为学生首选的学习方式,而新型的实践
体验类学习,只有十分之一的学生愿意首选这种方式。造成这一问题的主
要原因有两个。一个原因是高中阶段学生功利性学习的心态较为明显,在
较为强大的选拔制度下,高中生喜欢直奔目标的学习方式,从而缩短学习时
间。虽然具备创新能力和思考能力,但创新意识、思考的意愿不够强烈也是
不争的事实。另一个原因是听讲式学习方式是教师和学生最熟悉、最常用
的学习方式,也是在单位时间内能够获取更多知识含量的学习方式,在日常
教学中更加符合教学常规的实际。但教育培养的对象始终是"人",知识能
够教育人,但能力更能提升人,过于强调学科知识的地位,忽视学生学习综合
能力的培养,对于学生的可持续成长、创新能力的培养都有一定阻碍作用。

四、跨学科学习评价采用"华而不实式"

跨学科学习评价有过程性评价、结果性评价、自评和同伴互评,还有从
教师端发起的评价,对教学准备、教学过程、教学效果等都进行一定的评价。
但这些类型的评价多出现在纸上,在跨学科学习的展示中。根据调查数据
表明:教师日常教学中口头评价占 45.76%,通过笔试方式对学科知识考查
的评价 40.32%,自评 3.34%,互评 8.58%,过程性评价 2.0%(见图 11)。

从数据不难发现：跨学科学习作为一种新型学习方法，在日常教学中还是采用原来的评价方式，多样化的评价方式多流于纸上而非日常教育中。

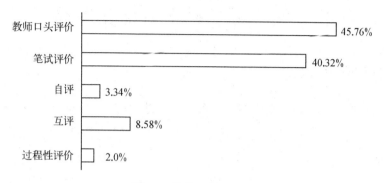

图 11　跨学科学习评价

造成跨学科学习评价"华而不实"的原因有以下两个。一方面，跨学科学习需要汇聚不同的学科知识和多种学科技能，就是以中华优秀传统文化融入思政课的教育中，每一个学习目标和教育目标都要涉及多门不同的学科，学科之间的评价方式也有差异性。因此，让教师难以制作出统一的评价量规表。另一方面，跨学科学习确实存在"教学评"无法达到一致性的困难。无论是跨学科"教"还是学生围绕主题进行的跨学科"学"，涉及跨的学科越多，评价的标准就越复杂。多类型的评价也可能阻碍跨学科的理论指导和实际操作之间统一性问题，导致评价标准和方法不能较好地指导教学实践和学习实践。

第三节　跨学科学习优化策略

一、设计学习主题

主题式学习是跨学科学习的一种学习方法,具有内容综合性的特点,旨在组织学生从一个项目出发,运用多个学科知识和技能来研究问题。中华优秀传统文化融入高中思政课,就要从学生兴趣出发,以思政学科为主导聚焦与中华优秀传统文化有关的某一项目,运用多种学科知识解决实际问题。

(一) 综合性

不同学科的有机整合构成跨学科学习。跨学科主题学习就是围绕一个主题的综合知识体系的学习方法。整合不是拼凑,而是通过主题确立,教学引领将各学科的知识和方法相互融合,形成相互联系、相互补充的学习氛围。因此内容综合性指向的是学习目标的高阶性,培养学生更高层次的思维能力,能够提出更加创新的解决方案。教师和学生在跨学科主题学习中具有一定的协同性,教师的教养和学生的学养共同交融,从而完成任务。

(二) 实践性

跨学科学习以实践性作为重要目标。通过真实的情境,让学生在实践中运用多学科知识解决问题。实践性强调学习对象的真实性和复杂性,学生学习的主动性,提高学生对所学知识的理解性。实践性推动传统教学范式的变革。教师从知识传授者成为知识的引导者、学习的组织者和协作者。学生成为学习的实施者和创新者,推动教育走向综合化。

(三) 探究性

跨学科学习从生活问题出发,以问题为导向,以解决问题为目标,进行探究式活动。通常以小组合作为依托,学生需要在小组中勇于接受分工,认真完成协作,以共同解决问题的思路进行合作学习,以提升探究的成效。探究性鼓励学生提出具创新性的解决方案，注重过程性评价，是一种从被动接受到主动探究的学习策略调整。

二、整合知识技能

要实现跨学科学习，需要教师在教学设计和实施过程中整合"跨"的内容和技巧。

（一）整合学科知识

不满足学科简单结合，侧重不同学科的整合作用。整合学科"整"的是对不同学科知识和思维方式进行梳理、分类和优化，使其能够围绕一个共同的主题或目标重新组合。"合"是指将整理的学科知识、方法和思维方式进行融合，使其在解决实际问题时能够协同发挥作用。总体上讲，从梳理学科知识、优化学习结构、构建跨学科知识框架入手，使学生学会融会贯通学科知识，教会师生协同解决问题。

（二）整合学科技能

"技能"指的是学生在学习过程中需要综合运用的多种能力，每个学科都有其独特的技能要求，跨学科学习超越单一学科技能，融合多学科技能，以提升学生的综合能力。高中思想政治课作为实践性课程，学生需要掌握的技能有调查、设计、制作、推广等，将理论知识应用于实际情境中。解决实际问题是跨学科学习的目标。整合学科技能形成综合的技能体系，这为学生提升综合素养，解决复杂问题，适应未来社会需要奠定扎实基础。

三、有效运用方法

（一）情境教学法

通过将不同学科的知识和技能应用于真实情境中促进学生的综合学习，构建跨越思维点的教学方法，是跨学科学习使用的情境教学法。中华优秀传统文化融入高中思政课，即从中华优秀传统文化项目化情境出发，融合多学科的知识解决实际问题。情境教学强调学生的主动参与和实践体验，鼓励学生在具体、真实的情境中发现问题和解决问题。[1] 情境教学方法能够打破原有的"因循守旧式"的教学方式,带领学生进入更生动、具体的情境中,使用多种学科融合学习的方法。

跨学科学习往往会涉及多门学科的学习,内容较为复杂,课的结构较为松散,增加学生理解难度。情境教学法从生活的某一个实际情境出发,将抽象知识与实际或现实的问题紧密结合在一起,使学生在学科综合的学习中有一个学习主线,更能把控学习的方向,明确研究对象。中华优秀传统文化融入高中思政课,在跨学科学习中可以围绕与中华优秀传统文化相关的某一情境出发,进行思考和分析。例如在讲述"人民群众是物质财富和精神财富的创造者"这一论断时,可以从"上海历史博物馆的镇馆之宝是什么?"这一问题情境出发,通过对不同文物的探究,阐释人民群众在创造物质财富和精神财富中所做的贡献。

跨学科情境教学法的具体步骤如下。

1. 确定主题与主题选择。跨学科学习的核心是解决实际问题或探索复杂主题,主题必须具有现实意义和跨学科价值,主题应贴近学生生活,具有挑战性和开放性。目标要涵盖知识、能力、情感态度等多方面,体现跨学科的综合性。

2. 创设情境。情境是构建理论与实践的融通桥梁,情境设计的真实、趣味性能够激发学生的学习兴趣和内在动机,学生在教师创设的情境中将抽象的知识运用于具体生活情境解决问题。

3. 整合学科资源。跨学科的核心在于打破学科壁垒,实现不同学科方法融合性学习,同时也要明确各学科在主题学习中的功能和作用,避免学科知识的简单堆砌。

4. 开展实践活动。通过亲身体验,学生更能够接近探究问题的本身,有具象化的了解。

5. 反思与总结。反思帮助学生修正学习行为,巩固知识,提升能力。

---

1 项雪平. 核心素养指向下的学习方式变革:基于生活跨学科主题探究成果集[A]. 上海:上海科学普及出版社,2022.

跨学科情境教学法帮助学生建立知识与生活联系。面对家、学校两点一线的高中生而言，生活阅历具有局限性，意味着教师要帮助其拓宽视野，积累经验，提升能力。"情境"将学生所学知识与现实生活和现象联系起来，促使学生更加理解所学知识的实际应用价值。

跨学科情境教学法提升学生解决复杂问题的能力。无论是过去、现在还是未来，事物都处于复杂多变的状态中。事物的复杂性并非烦琐，而是由多种因素交织、相互作用的结果，现实世界中的问题往往是复杂且多维度的，很少能用单一学科的知识解决。跨学科情境教学通过模拟真实情境，让学生在面对复杂问题时，学会综合运用多学科知识进行分析和解决。

（二）实践教学法

亚里士多德最早从人的具体实践出发，把实践哲学作为一门独立的哲学来研究。[1] 社会的变革带来的诸多变化，总是推动教育的变革。学校已经从单一教授知识，逐渐转变为教授解决问题的方法。在实践中，越来越多的老师和学者专家都在不断地尝试着对教育方式、教育方法的变革。在新方式新尝试中，实践教学法是以学生亲身体验为核心的教学策略。跨学科实践教学就是教师引领学生在跨学科领域视角下，通过自己的主动参与和体验而获取知识、提升能力的教学方法。

中华优秀传统文化是中华历史发展的产物，要将中华优秀传统文化融入高中思政课，教师要引导学生与传统文化交融、与历史情境交织。通过学生真切的实践体验和探究，了解中华优秀文化的精髓。富有青春朝气的高中生，对任何未知的事物都存在一定的好奇心。面对蕴含中华优秀传统文化的文物，无法让学生去触摸，但可以创设沉浸式的教育氛围。例如，可以引导学生穿着汉服，举办中华优秀传统文化的游园赏析会，让学生亲身感受中华文化的魅力、智慧和精神。

跨学科实践教学法的具体流程如下：

1. 主题选择与情境创设。选择贴近生活、具有跨学科价值的真实主

1　宁虹,胡萨.教育理论与实践的本然统一[J].教育研究,2006(5)：12-16.

题,并将主题转化为具体的学习任务。

2. 教师引导学生梳理与问题相关的多学科知识,帮助学生建立知识之间的联系。学生根据兴趣和特长分组,明确分工,培养团队合作能力。3. 实践操作与探究。学生小组制订详细的实践计划,包括研究方法、时间安排和资源需求,学生在教师指导下开展实践活动。4. 交流与反思。学生在小组内分享实践过程中的发现和问题,进行头脑风暴。各小组通过汇报、展示等形式分享实践成果。学生对自己在实践中的表现进行反思,总结经验教训。

跨学科实践教学法有利于培养学生知识整合与综合能力的提升。

跨学科实践教学法的核心是"在体验中解决问题"。在跨学科过程中学生把不同学科的知识(比如数学、科学、语文等学科)结合起来,去解决一个实际的问题。通过亲手做、亲手调查、亲历实践、亲身设计,最后形成客观性成果。这个过程形成了学生从实践到成果转化的成长性学习过程,学生的综合能力得到提升。

跨学科实践教学法更有利于学生团队合作精神的塑造。

在跨学科实践教育法中,学生通常分组完成任务。他们需要分工合作,学生不仅需要学会完成自己部分的工作,更加需要学会表达、学会协同、学会帮助和体谅。这是一种在群体中使个人诸多能力得到提升的跨学科学习方法。在围绕中华优秀传统文化主题的跨学科实践体验中,学生需要学会借助同伴的力量完成 $1+N>1$ 的教育命题。

跨学科实践教学法更有利于学生反思习惯的培养,推动学生持续进步。

反思能够帮助学生发现不足,同时帮助学生养成总结经验、优化方法、加深理解、激发动能的重要作用。跨学科实践教育法就是学生做完任务后要反思自己做得好不好,哪些地方可以改进,下次怎么做得更好。这种反思会让学生不断进步,形成一种持续学习的习惯。情境教学法中也需要反思,但情境教学法的反思重点更多是放在理解知识上,实践落脚点在能力提升上。

（三）主题学习法

跨学科主题学习是新课程标准提倡的一种学习方式。"跨学科学习是整合两个或两个以上学科观念、方法与思维方式以解决真实问题，产生跨学科理解的课程或教育取向。"[1] 为了使中华优秀传统文化融入高中思政课，跨学科主题学习法就是需要围绕中华优秀传统文化，创设以学生为中心，将高中思想政治学科与其他学科进行知识融合、技能整合，围绕一个主题开展的学习方式，旨在培养学生在主题情境中整合知识的能力，提升主题视域下系统性认知能力。

主题学习法的具体流程如下。

1. 主题确定。从社会热点以及学生关心的事件出发确定主题。

2. 项目规划与设计。做好任务分解工作，将主题拆解为具体子任务，明确每个任务的目标和要求。跨学科方面确定涉及的学科知识，梳理学科间的内在联系。

3. 项目实施与探究。通过多种方式创设真实情境，引导学生发现问题。学生自主查阅资料、调研或实验，小组合作完成任务。开展实验、调研、设计等实践活动。

4. 成果展示与评价。学生以小组为单位展示项目成果。

5. 反思与总结。教师和学生分别对项目过程进行反思，总结经验教训。

主题学习法、实践教学法、情境教学法都是能够在跨学科理论下进行的有效教育方法，但它们之间侧重有所不同。主题式学习适合综合性课程、项目式学习，例如，为了让中华优秀传统文化融入高中思政课，可采用围绕传统节日，如春节的拜年、放鞭炮、包饺子等行为文化而开展主题学习。情境教学多适用于思想艺术情感类教学，需要激发学生情感和兴趣。实践教学法多侧重理工实验、技能学习等动手操作和解决问题的教育活动。

主题学习法有利于形成对"主题"的系统性理解。

1　张华. 论理解本位跨学科学习[J]. 基础教育课程，2018(22)：7 – 13.

　　跨学科主题学习以某一复杂主题为锚点,有机整合学科知识,与其他教学法相比,整合学科知识的难度和深度都要高于情境教学法和实践教学法。

　　主题教学法有利于培养复杂问题解决能力。

　　跨学科主题学习通过解决复杂真实问题,推动学生跨越单一学科走向综合运用科学推理、数据分析、伦理判断、艺术表达等多维能力来解决复杂世界的主题问题。虽然情境教学法、实践教学法都会面对较为复杂的学习问题,但在复杂程度上都逊色于主题学习法。跨学科主题学习法是培养学生走向高阶思维的有效方法之一。

　　跨学科主题学习法推动深度学习与意义建构。

　　跨学科主题学习通过持续探究,帮助学生建立深层联系并对主题形成"概念性理解"。这种学习模式能促进学生对知识的迁移能力,更能提升对知识的掌握力和运用的创造能力。

第四节　跨学科学习案例设计

——以"物华号百子大礼轿"为例

一、课程要求

根据《普通高中思想政治课程标准(2017 年版 2020 年修订)》的要求："辩证看待传统文化,领会对中华优秀传统文化进行创造性转化、创新性发展的重要意义,弘扬民族精神。"[1]跨学科学习在高中课程标准中没有与其相关的规定。但《义务教育道德与法治课程标准(2022 年版)》问世之后,跨学科进入教学的视野中,认为:"道德与法治没有单独安排跨学科内容,综合性更多的通过与学生生活实际相结合的方式,对相关知识进行结构化整合,形成统一学习整体来体现。"[2]高中思政课也可以作为主学科与其他学科进行融合学习。

二、教学背景

本堂课是以思想政治课作为主要的跨学科科目,组织学生前往上海市历史博物馆(上海市革命历史博物馆),围绕博物馆中的镇馆之宝——物华号百子大礼轿开展跨学科学习,通过学习让学生感受到人民群众是历史的创造者、是物质财富的创造者、是精神财富的创造者。

三、教学目标

(一) 政治认同

通过走近上海历史博物馆的物华号百子大礼轿,探究蕴含其中的传统

1　中华人民共和国教育部. 普通高中思想政治课程标准[S]. 2017 年版 2020 年修订. 北京:人民教育出版社,2020.

2　程光泉.《义务教育道德与法治课程标准(2022 年版)》的新突破[J]. 福建教育,2022(17).

文化和海派文化,增强学生对中华文化的认同感和自豪感,坚定文化自信。

(二) 科学精神

运用跨学科方法,分析大礼轿的工艺特点及其文化价值,培养学生实事求是、科学分析问题的能力。

(三) 法治意识

在探讨文化遗产保护的过程中,引导学生理解相关法律法规,增强法治意识,明确公民在文化传承中的责任。

(四) 公共参与

通过场馆的实践探究,培养学生实践能力,为传统文化、海派文化、移民文化的融合传承贡献自己的力量。

四、教学过程

(一) 主题导入

1. 情境创设

教师:同学们,上个星期我们一起走进上海市历史博物馆,看到了一件非常精美的文物——物华号百子大礼轿。接下来让我们听一下馆长对它的介绍。

设计意图:通过视频展示,再一次细看物华号百子大礼轿(参观时隔着玻璃观察的)。

2. 问题引领

教师:为什么这件大礼轿能成为镇馆之宝?

学生1:因为大礼轿制作非常精美。

学生2:因为大礼轿看上去就很贵,非常华丽。

设计意图:引导学生从文化、历史、艺术等多学科思考大礼轿的绝美之处。

(二) 跨学科探究

1. 实施分工

教师:我们将通过跨学科的方式,从不同角度探究这件文物的价值。请同学们分成五个小组:历史组(从历史学科视角)、文化组(从思想政治学科视角)、工艺组(从艺术学科视角)、数学组(从数学学科视角)和地理组(从地理学科视角),请同学们自由组合。

学生:完成分组,并讨论围绕什么问题展开讨论。

学生与教师共同商议。

教师:大礼轿制作于哪个历史时期?这一时期的社会背景是什么?(从历史学科角度)

教师:大礼轿上的图案有哪些文化寓意?这些寓意在现代社会中是否仍有体现?大礼轿是由谁创造的?将大礼轿的制作放到历史长河中看,精美的工艺都由谁创造?(从思想政治学科角度)

教师:大礼轿的制作工艺有哪些独特之处?这些工艺如何体现中国传统工艺的美学价值?(从艺术学科角度)

教师:查阅相关资料,研究大礼轿的结构特点和功能分布。(从数学学科角度)

教师:研究大礼轿所处的地理环境和婚嫁民俗文化。(从地理学科角度)

设计意图:通过分组探究,从不同学科特点研究大礼轿的基本情况。

2. 资料收集

教师:各小组可以利用线上、线下的多渠道资源,收集礼轿相关信息,稍后进行小组汇报。

学生:各小组成员,我们将实施分工合作。

设计意图:通过文献检索和小组分工,培养学生文献检索能力、自主学习能力和信息整合能力以及团队合作精神。

(三) 跨学科小组探究

1. 历史组

教师:物华号百子大礼轿的制作背景是什么?它反映了当时怎样的社会风貌?

学生思考并讨论

学生1:我们查到礼轿制作于民国时期,当时江南地区经济繁荣,社会礼仪文化发达。轿子的主人也是富甲一方的商人,所以可以制作出如此精美的轿子。

学生2:大礼轿上的装饰图案,其实代表轿子主人的社会地位,龙凤图案象征着皇权与贵族的权威,说明轿子主人出身高贵;而百子图寓意家族繁衍和子孙满堂,反映主人对新人的美好祝愿,也表明当时人们对家族观念很重视。

设计意图:通过对物华号百子大礼轿的历史背景分析,引导学生跨越时空概念,提升学生对历史材料的归纳和分析能力。

2. 文化组

教师:大礼轿上还有哪些文化符号?

学生分析大礼轿上的装饰图案,探讨其文化寓意。

学生1:大礼轿上的龙凤图案象征着吉祥和权威。龙在中国传统文化中是权力与尊贵的象征,代表着帝王的威严和统治力。凤则被视为百鸟之王,象征着美丽、吉祥和幸福。龙凤结合寓意龙凤呈祥、阴阳调和,象征着和谐美满与家族荣耀。

学生2:大礼轿上的百子图寓意家族繁衍和子孙满堂。百子图最早源于《诗经》中歌颂周文王子孙众多的典故,象征家族兴旺和多子多福。它反映了中国古代"子孙满堂"是家族繁荣的重要标志,常被用于婚庆等场合,寓意早得贵子、家族和美。

教师追问:思想政治组的同学从文化符号入手,揭示了传统文化所蕴含的价值观,这与当今社会主义核心价值观有怎样的联系?

学生1:"子孙满堂"虽然是家庭层面的美好祝愿,但也是和谐社会的组成单位。

学生2:龙凤象征着吉祥和权威,是对王权的敬畏,与今天我们在个人层面所倡导的爱国有一定的契合度。

教师追问:精美的大礼轿是由谁创造的?

学生1:由当时制作大礼轿的工匠。

教师追问:工匠属于哪个群体?是当时的统治阶级还是被统治阶级?

学生2：人民群众。

设计意图：通过对传统文化蕴含的精神内涵与社会主义核心价值观的对比性分析，引领学生感悟中华优秀传统文化的精神内核。并通过问题引领，理解人民群众是社会历史的主体，是历史的创造者。

3. 工艺组

教师引导："请思考：礼轿的制作工艺有哪些特点？这些工艺如何体现传统技艺的高超？"

学生思考与讨论：学生分析大礼轿的木雕、彩绘、镶嵌等工艺，探讨其艺术价值。

学生1：大礼轿的木雕工艺非常复杂，反映了中国传统木雕高超技艺。我们看到的时候感觉有很多镂空设计。据查证，这属于多层镂空通雕的工艺方式。

学生2：大礼轿使用红色朱砂颜料，工艺色彩鲜艳，所以我们看到的很新。

学生3：我们在参观时看到大礼轿很多地方呈现金色，我们原本以为是黄金制作而成，后来通过查阅发现是一种木雕的贴金工艺。

设计意图：通过分析工艺细节，展现中国传统工艺的美学价值，体现学生在美术学科上的表达力、审美力，以及对文化的理解力。

4. 数学组

教师引导：请思考大礼轿的结构特点和功能分布。

学生思考：学生查找礼轿的相关数据。

学生1：大礼轿整体高度与宽度都与我们常说的"八抬大轿"一般。没有记载当时制作轿子的主人采用了黄金分割比例（1∶1.618）。根据相关数据查实，大礼轿高2.85米，宽为5.52米，形成宽高比例（1∶1.936），接近1∶2的高宽比例，接近殿堂式建筑美学设计比例，例如北京故宫，所以看上去很高大、雄伟。

学生2：大礼轿在功能上作为婚嫁租赁的轿子，作为民国时期的文化产物，浑身还装有100个小电珠，体现了西方文化与东方智慧的完美结合。

设计意图： 通过结构和功能分析，揭示了传统工艺背后的数学原理，体现传统文化与海派文化融合的文化价值。

5. 地理组

教师：请同学们研究大礼轿所处的地理环境和婚嫁民俗文化。

学生思考：学生分析大礼轿制作的地理环境和当时民国时期的婚嫁风俗。

学生1：轿子是民国时期在上海物华号制作而成。上海地处江南，所以轿子本身汇聚了江南文化、海派文化的多重文化。多层木雕的叠加工艺反映出当时木雕工艺的炉火纯青。上海作为当时远东第一大都市，雄厚的经济实力也使轿子的木材都非常金贵。

学生2：通过调查，我们了解到轿子主人原本是给儿子结婚用的，后来作为租赁使用，也说明民国时期结婚需要坐轿子，轿子成为婚庆风俗的必备物件。所以轿子上的图案都表达吉祥美好之意。

设计意图： 通过引导学生分析轿子所处的地理环境和所代表的民俗风俗，学生进一步理解文化地域性的特征、地域对传统文化的影响和作用。激发学生更加积极投身到文化研究和文化传承中。

课堂总结： 今天咱们跨越了思想政治、历史、艺术、地理和数学五大学科界限，深入探究了物华号百子大礼轿的文化价值。在探究过程中，各小组充分发挥团队精神，通过课前的实地考察、课中的主题学习，全方位剖析了礼轿所蕴含的丰富文化内涵。大家从不同视角出发，展现出独特的思考与精彩的成果。这不仅是一次知识的融合，更是一次思维的碰撞与创新。希望同学们把今天的跨学科思维和探索精神融入今后的学习中。

五、教学反思

本次教学设计围绕物华号百子大礼轿展开，通过跨学科探究的方式，引导学生从思想政治、历史、艺术、数学和地理五个学科的视角，全面剖析这件文物的文化价值。本堂课是先组织探究，再进行教学。在教学过程中，我深刻体会到跨学科教学的魅力与挑战。本内容分为两节课，第一节课是实地走访上海市历史博物馆,第二节课是围绕镇馆之宝进行跨学科学习。实地走访与课堂教学相结合的方式的确能够引起学生学习兴趣。通过引导学生利用博物馆资料和网络资源,培养了他们的文献搜索能力、信息整合能力和自主学习能力。但也存在有待改进之处。

(一) 时间分配不够合理

跨学科学习需要使用的时间较长,一节课的容量太多。需要进一步进行课堂布局上的优化,在坚持探究层层深入的前提下,课堂效果更加突出整体性和层次性。

(二) 提高学生的参与度

本堂课虽然有小组合作学习,但发言的同学实际就一两位,为了调动更多的学生全身心地投入跨学科学习中来,要设置更多的任务,并且任务有分工才能让跨学科学习惠及更多的学生。可以在评价方面增加一些同伴互评、学生自评的环节,倒逼学生积极投入跨学科学习中。

(三) 加强教育资源的利用指导

跨学科学习都需要运用到许多知识,除了本学科的知识之外,其他领域、其他学科的知识都会涉及,因此,需要获取更多的教育资源、更广的教育支持,才能更好地推动教师组织好跨学科教学。

第五章

中华优秀传统文化融入高中思政课的支撑体系

第一节　师资队伍建设

一、提升思政课教师传统文化素养

(一) 传统文化知识的积累

思政课教师不仅是学生思想政治教育的指导者,也是中华优秀传统文化的传播者。因此,要讲好传统文化故事,就需要提升高中思政课教师的传统文化素养。素养的提升首先要在知识的积累上下功夫。教师应学习中华优秀传统文化中涉及哲学、文学、历史、艺术等领域的内容,以便在课堂上将传统文化讲深、讲透、讲活。教师可以通过书籍的阅读来实现知识的积累,还可以通过参加传统文化学术讲座,丰富自己的教学素养。学习过程中,教师应注重对中华优秀传统文化脉络的梳理,系统理解传统文化的发展历程,避免以偏概全地理解传统文化,避免为了讲传统文化而上思政课,要使文化的融入推动思政课教学,助力思政课育人。

思政课教师要加强研习,大量阅读文化经典,深化对其内在的人文精神、道德规范和实践智慧的理解与领悟,总结反思、萃取精华,涵养品格、拓宽视野[1]。在阅读方法上,教师要关注文献的内容,更要侧重对其历史背景、作者思想及其当代价值的全面理解,从而在教学中将传统文化的精髓部分融入高中思政课。

参与中华优秀传统文化的专题培训研修活动,是教师较快提升传统文化素养的学习途径。专题培训为教师提供了一个更聚焦、更系统和更全面的学习平台,专题培训的内容是培训教授多年研究传统文化的学术成果,站在专家的肩膀上,大大缩减教师自身研究传统文化的时间。同时,培训内容也能够成为教师深度研究传统文化的基础支架。

1　陈昌兴.思政课教师应注重提升传统文化素养[N].中国教育报,2024-04-19.

围绕中华优秀传统文化主题开展教学实践与交流,能够帮助教师在教学实践中提升自身传统文化素养。教师通过设计与传统文化相关的主题课程,将思政课的学科知识与传统文化相融合,引领学生进行有效学习,教师在此过程中不仅对传统文化有深入的理解,而且自身也积累了宝贵的教学经验。同时,与思政同人互学互鉴,教师可以获得宝贵的同伴反馈,反思并修正自己的教学策略,也为学生提供更丰富的传统文化学习体验。

(二)文化素养提升的途径

传统文化素养的提升是思政课教师在课堂教学中讲好传统文化故事的关键。扎实的专业知识、开阔的文化视野都是教师能够更好地引导学生理解和传承中华优秀传统文化的底气。只有教师能够深刻地理解,才能引领学生更好地理解传统文化内涵。因此,教师自身传统文化功底是中华优秀传统文化能够有效融入思政课的质量保证。

1. 建立跨学科教研平台

中华优秀传统文化本身具有综合性。建立跨学科教研平台是促进高中思政课教师与其他学科教师进行交流与合作的重要途径。通过跨学科教学互动,使更为广泛的文化视角和教学方法走进高中思政教师的视野中,跨学科教学互鉴能够帮助教师更好地理解和应用传统文化知识。这种交互式教学合作,使学科教师的传统文化素养都得以提升,也能推动思政课教学在跨学科学习方式下进行,使课堂教学形式更加新颖,学生的参与度、兴趣度都更广、更高。

2. 利用现代信息技术

现代信息技术是现代教学的必备手段。利用现代信息技术开发的线上课程和资源,是丰富传统文化学习形式的有效措施。从教学资源的获取上看,教师通过网络平台随时随地可以获取最前沿的传统文化研究资料和教学资源,教师也能打破时间和空间的限制,使自身的学习进修之路更加便利和高效。同时,信息技术的应用还可以促进教师之间的交流与合作,使其不再局限于小范围的本校教师群体,可以是更大范围教师的共同交流与研讨,大家共享教学资源,共同提升教学水平。

3. 参与社会文化活动

实践性学习对学生有用,对教师的教学提升也同样有用,鼓励教师参与高水平的社会传统文化活动,教师通过亲历实践提升自身对传统文化的理解和感受,高水平的社会传统文化活动不仅为教师开阔了眼界,而且寻找到了学习目标相类似的人群集体。在这一群体中,同伴的交流和互动也能给教师提供更多的传统文化知识,提升教师的传统文化素养。通过这种实践体验积累,教师可将自身的所见所闻更为生动地在课堂上传达,增强学生的学习体验和文化认同感。

二、专兼职教师双重推动传统文化师资队伍建设

(一) 专职教师的选拔与培养

专职教师的选拔与培养为中华优秀传统文化的弘扬注入专业活力。专职教师本身具有思想政治教育的专业背景,掌握一定的专业育人方法,选拔一批专业功底深厚、乐于提升传统文化素养的思政教师置身于传统文化与思政课教学中,确保高中思政课堂能够更加有效地传递传统文化的精髓。选拔专职教师时要考虑教师的学术背景和教学经验,还须注重其对传统文化的热爱和理解能力。

制订系统的培养计划是提升专职教师传统文化素养和教学水平的关键。通过定期的培训,可以不断更新教师的知识储备;通过定期的考核,可以鞭策和鼓励教师做更好的自己。培训内容应聚焦中华优秀传统文化的重点部分和难点部分,以及思想政治教育的最新动态等。考核可以通过教学实践和传统文化研究成果进行评估,以确保教师能够将所学知识有效地应用于课堂教学中,实现传统文化与高中思政课的深度融合。同时,鼓励更多的专职教师通过不同的渠道参与传统文化的学术研讨会。教师从学的层面上升到讲的层面,不仅体现教师学术的不断精进,而且也为教师提供新的学习平台。学习研讨有助于思政教师在教学实践中不断创新,探索出更多有效的传统文化学习方法,提升思政课堂的吸引力和感染力。

（二）兼职教师的引入与管理

"大师资"是"大思政课"建设的具体要求。兼职教师无法进行高中思政课教学，但兼职教师的引入为新时代"大思政课"建设注入新动能，也是在思政课中讲好传统文化故事的一股新力量。兼职教师与专职教师相比往往具备丰富的实践经验和其他学科或领域的专业知识，他们的加入为思政课课程形式的创新性、内容的丰富性、视角的多样性和学习的深度提供了有力的支持。然而，要有效地发挥兼职教师的作用，必须建立一套科学的引入与管理机制。

首先，明确兼职教师的引入标准。中小学兼职教师群体可以从班主任队伍、导师队伍中进行选拔，校外可以从场馆专业教师、传统文化的学术专家中进行选取，扩大学校文化育人队伍建设，夯实学习文化育人基础，凝聚学校文化育人力量，这一人群需要考察教师在传统文化领域的专业知识，同时关注教师的实践经验以及敬业程度，为学生提供生动的课堂体验。

其次，为了帮助兼职教师站好思政课讲堂，制订系统的培训计划是必不可少的。培训内容应与高中阶段思政课立德树人根本任务相一致。培训的内容是提升兼职教师思政能力、育人能力的课程，帮助教师在教学中准确传达课程的核心价值观。同时培训还应注重提升教师的教学技能和课堂管理能力，以应对不同学生群体的需求。

最后，建立兼职教师的考核机制是保障兼职教师讲好传统文化故事的重要激励手段。通过主题教育课、文化专题课等课程，学校可以了解兼职教师在讲好传统文化故事中的良好表现。考核不仅对兼职教师教学效果进行有效的评价，更能为兼职教师个人发展提供指导。通过反馈与指导，兼职教师教学视野不断拓宽，自身教学能力也不断得到加强。同时，激励性考核也为学校储备优秀教师人才队伍提供重要的依据。

此外，创建兼职教师与专职思政教师的合作平台，是提升两类人群各自教学能力的有效途径。兼职教师与专职思政教师来自不同学科，但育人对象却是相似的，育人内容都是从思想政治教育角度出发讲好传统文化故事。通过举办定期的交流活动，不同学科教师们分享各自的教学经验和教学资源,形成育人合力,共同提高学校的思想政治教育水平。专职教师可以为兼职教师提供思政课程育人理念的建议,而兼职教师则可以为专职教师带来新视角、新方法和丰富的实践经验。这种融合式教研有助于不同教师群体从他人身上获得更多的教育启示,更有助于学校讲好传统文化故事,有助于为学生提供更为丰富和多元的学习体验。

三、加强教师传统文化教育教学能力的培训

(一) 培训内容的设计与实施

要实现中华优秀传统文化融入高中思政课这一教育目标,师资的培训是提升师资力量的有效方法。培训目标要与高中阶段学生的思想政治教育目标相一致,培训内容应涵盖中华优秀传统文化的核心思想和中国特色社会主义价值观,实现二者的有机结合。通过系统的培训,教师能够更好地理解传统文化在思想政治教育中的重要性,进而提高育人能力。

多样化的教学资源能够充实课堂内容,丰富课堂形式,也是增强教师教学灵活性的重要工具。在培训过程中,对中学阶段的学生而言应注重提供多样化的教学资源,包括视频展示、互动式体验活动等,以支持教师在课堂上引导学生积极地参与学习。视频资料可以帮助教师直观地展示传统文化故事,反映中华优秀传统文化的内涵,互动式体验活动则可以激发学生的学习兴趣,提高学生学习热情。这些资源的开发与提供,不仅丰富了教师的教学手段,也为学生提供了多样性、个体性的学习体验。

组织从思想政治教育角度出发,以中华优秀传统文化为主题的讲座和研讨会,是丰厚教师教养、推动教师发展的重要方式。通过这些活动,教师可以分享各自在教学实践中的心得与困难,探讨传统文化融入思政教育的最佳实践案例。教师之间在相互学习与借鉴中,拓宽各自的教育思维,推动教学方法的互鉴,促进不同思想的碰撞与融合。

(二) 培训效果的评估与反馈

在思想政治教育中讲好中国传统文化故事,评估与反馈机制的建立是保证教师培训效果的重要环节。通过建立教师自评与互评机制,教师能够

更好地对自身和他人的教学效果进行反思与评价。这种机制不仅促进了教师之间的学术交流，也帮助教师发现自身教学中的不足之处，补齐短板，进而推动教学能力的持续改进。教师自评与互评的过程，实质上是一个不断完善和提升的过程，促使教师在教学实践中不断反思和创新，提高教学质量。

通过问卷调查和学生访谈等途径，收集学生视角下对高中思政课讲好传统文化故事的需求反馈、学习反馈和希望反馈。反馈内容可以帮助教师调整教学策略，以更优化的教学组织形式激发学生兴趣和提升学生的传统文化素养。学生的反馈是教师改进教学质量的重要参考和依据。

组织教学观摩活动，邀请专家和同行对高中思政教师传统文化课堂教学进行评估，是从教育同行层面、同伴层面提高教师教学能力的有效手段。专家的专业建议和同行的评价，为教师提供了正确、有效的专业化教学改进建议和方向，促进教师快速地成长。通过观摩活动，他人的评估促使教师快速获得可贵的间接学习成果和成长经验，反哺到自身的教学实践中。

此外，利用数据分析工具，对高中思政教师在传统文化教学中的表现进行量化评估，推动高中思政课文化育人目标的实现。通过阅读分析报告，任课教师可以清晰地了解自身的教学效果和学生的学习反馈情况，从客观数据分析中，为学校和教育管理部门提供科学的决策依据，带领基层学校，指导基层教师更好地在思政课上讲好传统文化故事，帮助学生树立文化自信。

四、建立教师教学激励机制

（一）激励措施的制定

高中思政课要实现文化育人目标，教师的引导角色至关重要。因此，制定有效的激励措施对于提升思政教师教学积极性和教学质量具有重要意义。激励措施的制定应当从多方面入手，既要关注物质奖励，也要重视精神激励。设立"中华优秀传统文化教学优秀教师奖"，通过奖项设立来表彰教师在思政课中对中华优秀传统文化的教学成果。在肯定教师积极付出的同时，还能激励教师本人进行持续性探索与创新，对其他教师也有一定的鞭策和指导作用。教师群体在激励机制驱动下能够形成良好的研修氛围,鼓励更多教师在教学中大胆进行教学尝试,勇于进行高中思政课教学形式的改革,将中华优秀传统文化的精髓真正地融入高中思政课教学中。

为了激发教师"研"的动能,建立科研成果奖励机制显得尤为重要。对于在教育领域发表研究论文或获得科研项目资助的教师,给予资金和荣誉称号的奖励,对教师学术贡献和成果给予认可,更为教师的持续研究提供物质支持和精神支持。激励机制不但推动思政教师教研能力的提升,而且也推动思政课学科的发展。此外,通过对科研成果的奖励,教师们可以获得更多的资源和机会进行"自修",从而提升自身的专业水平,进而更好地服务于教学。

同时,创建教师传统文化教学成果展示平台,为教师提供一个分享和展示其教学创新与实践成果的空间,点亮教师职业生涯的高光时刻。平台创设为教师之间的充分学习和交流提供了机遇,也为教学的互动交流与传统文化传播提供了场域。在互动平台上充分交流,使教师迸发更多的教学灵感和创新思维。通过展示平台,教师获得更多教学的新鲜血液。

(二) 激励效果的评估与调整

在教师教学激励机制的实施过程中,评估与调整是确保其有效性的重要环节。建立定期评估机制,通过问卷和访谈等多种方式,收集教师和学生对激励措施的反馈,能够及时了解这些措施的实际效果。不同群体之间的反馈有利于实时掌握教师教学过程中的感受和需求,从学生的角度了解教学激励的实际影响力,为激励机制的优化提供方向和依据。

教师教学质量变化是激励措施实施评估的重要指标。通过分析教师在激励措施实施前后的教学变化,结合学生的学习成果评估,可以较为全面地判断激励措施是否有效。因此,评估过程应注重数据的收集与分析,以便为后续的调整提供有力支持。

根据评估结果适时调整激励措施的内容和形式,是确保激励机制顺应教师实际需求的重要步骤。从实际情况看,教师的需求和教学环境是动态变化的,所以激励措施也应具备足够的灵活性,以适应这种变化。调整的过程应充分考虑教师的反馈,确保激励措施能够真正激发教师的教学热情,提升其教学水平。

定期召开教师座谈会,收集教师的意见并讨论激励机制的实施情况,是促进激励措施优化与改进的重要途径。座谈会为教师提供了一个分享经验和建议的平台,能够有效促进教师之间的交流与合作。[1] 通过这种方式,不仅可以集思广益,提升激励机制的全局性和针对性,还能增强教师进行教学研讨时的参与感和归属感,进一步推动中华优秀传统文化在高中思政课中的有效融入。

1　王锦飞.思政课开展中华优秀传统文化教育的多维视角[J].江苏教育,2023(33):36-39,44.

第二节　中华优秀传统文化的
校园文化建设

一、校园文化活动的设计与实施

（一）活动主题的选取

校园文化活动是校园生活的重要组成部分,活动主题的选取不仅对校园文化塑造至关重要,也是学校育人的具体方向。

首先,围绕中华优秀传统文化的经典名句进行主题活动,可以有效地引导学生深入思考和讨论。例如以《论语》为蓝本,组织涉及人际关系与交往、学习态度与方法、人生理想与追求的分享与讨论,不仅促进学生对经典文学作品的理解,更能培养他们的思辨能力。同时,演讲比赛、辩论赛、脱口秀等活动形式也能成为校园文化活动,学生在多种形式的活动中感受传统文化的魅力。此外,传统节日庆祝活动也是传播文化、实现文化育人的教育途径。学校组织学生围绕传统节日的饮食风俗、行为风俗开展学习和制作,高中阶段学生除实践之外,在教师引领下可以进行传统风俗的研究,同时也可以在学校的组织下将校内的文化传统活动引入养老院、孤儿院,带领更多的人感受传统文化的内涵。

其次,组织传统文化艺术表演活动是一种重要的实施方式。通过书法、剪纸和乐器演奏等艺术形式的展示,提升学生的文化参与感,激发其对传统文化的认同感。在书法展示活动中,学生可以亲自动手体验书法艺术的魅力,感受汉字的美感与文化内涵。剪纸活动则通过手工创作培养学生的动手能力和审美情趣。传统乐器的演奏活动则能让学生在音乐的熏陶中感受传统文化的音韵之美。艺术活动通过学生多感官的参与,使学生在潜移默化中接受传统文化的熏陶,树立文化自信。

再次,开展中华优秀传统文化知识竞赛,在科普传统文化常识的情况下,营造人人学习传统文化的良好氛围。通过竞赛形式,学生可以在轻松愉快的氛围中学习和掌握更多的传统文化知识。竞赛题目可以涵盖历史、文学、哲学等多个领域,内容丰富多样,既考查学生的知识储备,又锻炼他们的思维能力和反应速度。这样的活动不仅能够激发学生的好胜心和求知欲,还能在竞赛过程中培养他们的团队合作精神和竞争意识,为他们的全面发展奠定基础。

最后,设计以中华优秀传统文化为主题的社会服务活动,也是校园文化活动的重要组成部分。通过组织学生参与社区文化传播的志愿者服务,增强学生的社会责任担当和实践能力。例如高中学生可以在社区内开展中华优秀传统文化宣讲,将所学的传统文化知识应用于实际生活中。文化宣讲活动不仅锻炼学生的表达力、社会交往能力,还能在服务他人的过程中体会收获、奉献价值。社区服务活动是对课堂教学的延伸,也是对学生综合素质的全面培养。

（二）活动形式的创新

活动形式的创新在中华优秀传统文化融入的过程中具有重要意义。通过创新活动形式,能够有效激发学生的兴趣和参与热情,增强他们对传统文化的理解与认同。例如"画话小哪吒",围绕影视作品中哪吒进行"画"与"话"两种活动形式,特别是与老艺术家们共话哪吒,老艺术家对于哪吒人物的分析和解说,使学生对该人物有更深入的了解。

利用多媒体技术创设沉浸式中华优秀传统文化体验环境,是创新活动形式的一种有效手段。多媒体技术的应用可以将静态的传统文化内容转化为动态的视听体验,使学生在沉浸式的环境中感受传统文化的魅力。例如组织学生前往中华艺术宫,细品"清明上河图",通过虚拟现实技术（VR）、增强现实技术（AR）的应用,使学生能够身临其境地体验历史场景、文化风俗和艺术表达,这种参与感和互动性极强的体验方式,可以激发学生的好奇心,还能加深学生对传统文化的理解和记忆。

引入游戏作为教学元素,通过运用与中华优秀传统文化相关的游戏活动点燃学生的学习兴趣,也是活动形式创新的又一亮点。游戏化教学可以将传统文化知识通过游戏的方式呈现出来,使学生在游戏中学习,在学习中游戏。设计具有挑战性和趣味性的游戏任务,学生能够在轻松愉快的氛围中掌握传统文化知识。寓教于乐的教育方式不仅能提高学生的学习积极性,还能推进他们问题解决能力的提升。

组织跨学科的传统文化学习,促进学生从不同学科视角学习中华优秀传统文化知识,是活动形式创新的重要方向。跨学科学习可以以项目探究的方式将中华优秀传统文化与思想政治、语文、历史、艺术等学科相结合,使学生在综合学习中加深对传统文化的理解。通过这种探究式学习,学生能够在不同学科学习方式下获取传统文化知识,培养他们的综合思维能力和灵活运用能力。

(三) 活动效果的评价

在传统文化融入高中思政课的过程中,活动效果的评价是确保校园文化活动设计与实施的重要反思环节。

1. 建立活动反馈机制

活动效果的评价不仅是对活动本身的简单反思,更是深入了解活动的实际影响和掌握改进空间的重要手段。建立活动参与者的反馈机制,不仅有助于知晓学生对活动内容和形式的真实反应,还能为后续活动的优化提供宝贵的参考。通过反思性反馈,活动的设计得以优化,能更贴近学生的需求,提升活动的实际效果。

2. 利用问卷获取反馈

问卷调查能够有效地评价学生对传统文化知识的掌握程度和参与活动的兴趣变化。这种评价方式帮助教师分析活动对学生产生的积极影响,进而为活动下一阶段的调整和优化提供数据支持。问卷调查的设计既要涵盖对知识掌握程度的考察,也要关注学生的兴趣度和认同度,使其更加科学、合理和精准。

3. 利用座谈会获取反馈

座谈会是一种集言语交流和情感交流为一体的校园文化活动形式。教师和学生共话主题,对活动实施过程中某些感受和细节进行分享和讨论。

师生在座谈会上进行各自的情感交流和经验分享,还能为活动策划者提供更多反馈意见,为下一阶段的活动调整提供可行性的建议,从而持续提升活动整体效果。

4. 使用数据分析获取反馈

数据分析可以精准地对活动效果进行科学的评价。数据分析聚焦活动参与人数、参与率及满意度进行详细的量化评估,形成的详细报告是对活动效果的总结,也是对未来活动策划的重要参考。这种数据导向的评价方式能帮助活动策划者掌握更精准的活动概况,有效提升下一阶段的活动组织质量。

二、校园传统文化氛围的营造

(一) 传统文化元素的创设

传统文化元素的融入是提升校园文化氛围的重要手段之一。在学校的学习空间融入中华优秀传统文化元素,可以营造学习传统文化的环境氛围。通过设置书画作品、经典诗词、篆刻艺术等墙面设计,营造具有中国特色的文化氛围。这些文化符号创设了文化浸润的教育场域,可以提升学生对传统文化的鉴赏力和民族自信力。

传统元素的融入是以"点"的形式创设文化校园,而景观设计是以"局部"的形式营造文化氛围。通过引入假山、亭台楼阁、池塘等元素,使校园环境不仅具有东方古韵气息,还能提升学生对传统文化的感知力。景观设计不仅是校园文化的装品,也是学生学习和研究中华优秀传统文化的对象。对高中学生而言,以培养初步的探究性思维习惯为目标,校园景观中的文化元素可以作为首要的研究对象。学生在探究中了解中华民族的传统文化历史积淀和发展脉络,传统文化场景也能够成为学生心理疗愈之地。在亭台里静心读书,细品文化,回望自己的过去,创想自己的未来,将学习中的烦恼融化在传统文化的幽静之中。

在教室空间使用传统文化主题的装饰,教师可以组织学生动手制作中国结、水墨画等并张贴在教室文化墙中。学生的传统文化作品在班级的展示,除了能够营造班级的传统文化氛围,还能够为更多的学生展示学习成果,获得肯定和持续学习的动力。对于班级结合传统文化节日开展的主题活动也具有营造气氛、渲染情感的功能。

(二) 校园景观的文化内容选取

校园景观的文化设计是一种环境育人方式。校园景观不仅美化校园环境,还能发挥环境教育的强大功能,在潜移默化中提升学生的传统文化素养,提升学生的认知水平,帮助学生树立正确的世界观、人生观和价值观。校园景观的文化内容需要将传统文化内涵与现代教育的目标相结合,与学生的成长需求相结合,通过景观内容传播传统文化思想,传递育人目标的信息。激发学生的文化思考,提升审美情趣。

设计以传统文化故事为主题的步道是有效的文化传播方式。在校园的步道设计中,结合地面艺术与墙面装饰的整体性、系统性,以生动的艺术形式展现传统文化故事,使学生在漫步校园时能与过去对话,形成文化共鸣,触及传统文化的智慧,感受文化魅力。中华优秀传统文化元素的浸润,实现了环境思政与课堂思政相统一。[1] 步道上的传统文化故事可以是一句古训,也可以是富有哲理的物件图样。步道为学生提供了一个与文化共处的敞开式空间,让学生在宽松、愉悦的环境氛围中学习和思考。

在校园内设立传统文化阅读角。为学生打造系统学习传统文化的学习场域。从一句话到一本书到一摞书,是数量的积累,更是素养的提升。阅读角提供经典文献和文化书籍,为学生提供一个中华文化阅读空间,促进他们对传统文化实现自学、自评、自悟的学习过程。通过阅读,学生可以更全面地、更科学地了解传统文化的内涵与价值,提升文化的解码力。此外,阅读角还可以为学生提供交流和讨论传统文化话题的平台,促进他们在互动中加深对传统文化的理解。

(三) 文化氛围的维护

在校园文化建设中,文化氛围的持续维护至关重要。通过系统性的方

---

1 龚学文.中华优秀传统文化资源融入高校思政教育的三重向度[J].教育理论与实践,2024,44 (3): 30 - 33.

法来维持和增强校园内的中华优秀传统文化氛围,不仅能够促进学生的全面发展,还能提升整个校园的文化素养。

1. 定期举行传统文化主题活动日

传统文化主题活动日不仅为师生提供一个亲身体验和实践传统文化的平台,还能通过丰富多样的活动形式,激发师生对中华优秀传统文化的关注感和认同感。例如蚕丝扇传统技艺的现场展示,能够让师生在参与中感受到中华优秀传统文化的魅力。此外,主题日也为师生之间、师生与传统文化之间架起了一座沟通的桥梁,增强了校园内的文化交流与融合。

2. 组建传统文化志愿服务先锋队

先锋队以学校学生干部、团员学生为主要成员,组织学生定期开展传统文化知识的宣传与推广,增强学生的参与感与责任感,充分确定学生是学校传统文化传播者的角色定位,调动学生的主动性和积极性,打造学生是传统文化建设者的教育格局。志愿者成员可以自主组织校园文化活动,如传统文化漂流瓶、文化体验工作坊等,以多样的形式吸引更多的学生参与到校园传统文化建设中。同时,志愿者先锋队也为成员提供锻炼自身组织能力和领导能力的平台,使他们在活动中成长,成为传统文化的积极传播者和践行者。

3. 定期更新传统文化知识和活动信息

通过校园文化墙和电子屏幕等传播媒介更新传统文化知识和文化活动信息,保持师生对传统文化的关注度与新鲜度。传播媒介不仅是校园文化的展示窗口,也是师生获取传统文化知识的重要渠道。通过生动的图文展示和及时的信息更新,有效吸引师生的注意力,激发学生的学习兴趣。此外,利用现代科技手段,如校园 app 或微信公众号,进行传统文化活动信息的推送和互动,通过虚拟网络和现实生活双线传播方式进行传统文化的宣传和推广。

4. 鼓励创设传统文化社团

建立传统文化主题社团,鼓励更多的学生群体参与到传统文化的学习和推广中,以学生自主活动课堂形式营造校园传统文化良好氛围。传统文化主题社团为学生提供一个自主探索和实践的平台,以一学期为学习时长,围绕某一传统文化现象开展各种活动,在自主确定研究方向、自主推进研究过程、教师提供学术指导的前提下,学生对传统文化实现初浅探究,并试图实现传统文化的创造性转化。传统文化主题社团既能满足学生的个性化需求,又能促进其自主学习能力的提升。

5. 举办传统文化讲座和研讨会

学校定期举办传统文化讲座和研讨会,邀请专家学者分享优秀传统文化的深厚内涵,是激发师生对传统文化学习热情的重要举措。通过高水平的文化学术活动,师生不仅深入了解传统文化的历史背景和发展脉络,还能从专家的视角获得新的启发和思考,丰富了校园文化生活,也为师生提供了一个与文化学者深度对话的机会,使他们在思想上得到升华,在情感上引起共鸣。

三、校园教育设施与传统文化资源融合利用

(一) 教育设施的功能拓展

教育设施在校园中的功能不单一局限于提供教学和学生活动场所,还应承担起传承和弘扬中华优秀传统文化的重要责任。通过功能拓展,校园多项教育设施可以更好地服务于传统文化的传播和育人。从营造氛围、激发学生兴趣来看,在原有校园文化设施中增添传统文化主题的展览区域,呈现更多与传统文化相关的文化作品、主题宣传通讯,通过视觉和感官的刺激激发学生的文化兴趣,增强学生对传统文化的关注度。

除了校园文化原有的设置之外,图书馆也能够成为传统文化教育的新阵地。通过在图书馆设立传统文化专题书架,提供适合学生年龄特征、内容丰富、内涵深刻的传统文化书籍和资料,鼓励学生通过阅读浏览自主学习和研究其中的中华优秀传统文化。传统文化书籍及报纸资料涵盖历史、哲学艺术、地理等多方面内容,为学生提供多元学科融合后的宝贵学习资源,帮助学生拓宽视野,深入理解中华优秀传统文化的精髓。同时,图书馆作为学生的文化阵地,可以举办围绕传统文化的读书会和文化沙龙,促进专家学者

与师生的思想交流和议题讨论,增强他们对传统文化的理解和兴趣。

校园内另一个重要的传统文化活动场地是多功能教室。通过开展传统文化讲座和工作坊,可以有效提升学生对中华优秀传统文化的参与感和认同感。这些活动不仅可以传授知识,还能通过互动和实践让学生更深刻地体验传统文化的魅力。结合实践活动,如书法、绘画、戏剧等传统艺术的体验,可以让学生在亲身参与中感受到传统文化的独特魅力,增强他们的文化自信。

此外,在学校教学条件允许的情况下,设置传统文化体验区也是一种有效利用校园教育设施开展传统文化教育的方式。沉浸式的体验能够提高学生的动手能力和创造力,还能增强他们对传统文化的情感认同,使传统文化的教育更加生动和富有吸引力。

(二) 中华优秀传统文化资源的展示

1. 建立中华优秀传统文化展览区

通过建立传统文化展览区,可以定期展示书法、水墨画、刺绣等传统艺术作品,不仅能够增强学生的文化感知力与审美力,还能在潜移默化中培养其对中华优秀传统文化的热爱与认同。书法作为汉字文化的精髓,蕴含着深厚的历史和文化内涵;水墨画通过线条展现出中华民族的艺术智慧;刺绣艺术则以其独特的表现形式,传递着传统文化中的民俗风情和生活智慧。通过这些艺术形式的展示,学生能够在欣赏中感受到文化的魅力,从而在心灵深处播下热爱传统文化的种子。

2. 创建中华优秀传统文化文物展示区

创建中华优秀传统文化文物展示区是校园教育设施与传统文化资源整合的重要举措。通过展示具有历史价值的文物(照片)或仿品,学生可以直观了解传统文化的深厚底蕴。这些文物不仅是历史的见证者,更是文化传承的载体。通过对文物的观察与学习,学生能够更深入地理解历史的演进和文化的积淀,进而增强对传统文化的认同感和自豪感。伴随"文物进校园"活动的兴起,在校园中展示真文物,不仅可以在学校掀起一股文物热潮,也同样会将学习中华优秀传统文化的热潮推向顶峰,促使学生主动了解和研究更多的文化知识,从而在学习中不断提升自己的文化素养和文化保护意识。

3. 组织中华优秀传统文化主题的摄影展

组织主题摄影展,为学生提供了一个以摄影记录和表达对中华优秀传统文化理解的平台。这不仅提升学生的参与感和文化认同感,也为他们提供一个展示自我创意的机会。通过摄影,学生能够捕捉到文化中细微却动人的瞬间,从而在镜头中发现文化的美丽与深邃。摄影展作为一种视觉艺术活动,具有"易操作、乐参与"的特点。通过这样的活动,学生能够在轻松愉悦的氛围中,潜移默化地接受传统文化的熏陶。

(三)资源利用的优化策略

资源利用的优化策略在校园文化建设中扮演着关键角色。通过整合校内外传统文化资源,学校可以建立一个资源共享平台,方便师生获取相关信息并积极参与文化活动。这一平台不仅能提供丰富的传统文化学习资料,还能作为师生互动和交流的渠道,促进校园文化的繁荣发展。通过这一平台,师生可以方便地查阅到各种传统文化的资料和活动安排,极大地提升对传统文化的认知和兴趣。

定期组织中华优秀传统文化主题的讲座和工作坊,是提升学生参与感和增强文化认同的重要策略。这些活动不仅仅是知识的传授,更是文化的体验和感知。通过与实践活动的结合,学生能够在真实的文化情境中感受到中华优秀传统文化的魅力和深厚底蕴。这种体验式的学习方式,不仅能够激发学生的学习兴趣,还能增强他们对传统文化的认同感和自豪感,从而在思政课中更好地融入传统文化元素。

现代信息技术的应用,为中华优秀传统文化的学习开辟了新的路径。通过线上课程和虚拟展览,学生可以不受时间和空间的限制,随时随地进行学习。这种丰富多样的学习形式,不仅增加了学生的互动体验,也提高了学习的灵活性和趣味性。现代技术的引入,使得传统文化的传播更加生动和直观,极大地激发了学生的学习热情和参与度。

此外,跨学科合作机制的建立,为传统文化融入提供了新的视角和方法。通过鼓励不同学科的教师共同设计和实施项目,能够将传统文化的学习与其他学科知识有机结合,提升教学效果。这种合作机制不仅拓宽了传统文化的学习渠道,也为学生提供了多元化的学习体验,促进了他们综合素质的提升。

四、学生社团与传统文化活动的结合

(一) 社团活动的文化导向作用

社团活动的文化导向作用在于通过多样化的活动形式,将中华优秀传统文化的核心价值观融入其中,以增强学生对传统文化的认同感。社团活动应围绕中华优秀传统文化的核心价值观进行设计,确保活动内容能够体现文化的深厚底蕴和精神内涵。通过这种方式,学生不仅能够在活动中感受到传统文化的魅力,还能在潜移默化中提升自身的文化素养和价值观念。

在以中华优秀传统文化为主题的社团活动中,学生被鼓励在实践中探索和体验传统文化的丰富内涵。这种实践性学习有助于学生深入理解文化的多样性和复杂性,激发他们对文化的兴趣和热爱。通过亲身参与活动,学生不仅能够学习到书本上无法传达的文化知识,还能在实践中锻炼自己的观察力和思考能力,形成对中华优秀传统文化的独特见解。

高中社团活动可以通过体验、创作、探究的方式展开,围绕传统服饰、传统风俗开展体验、创作等社团活动,增强校园文化氛围。这些活动既可以丰富学生的校园生活,还能让学生在参与中感受传统文化的重要意义和社会价值。通过这些活动,学生能够更好地了解传统文化的历史背景和演变过程,同时,这些活动也为学生提供了一个展示自我和交流互动的平台,促进了不同文化背景学生之间的理解与沟通。

设立传统文化社团为学生提供一个自主策划和实施文化活动的平台,培养其组织能力和创新思维。在这样的社团中,学生可以根据自己的兴趣和特长,设计并组织各类文化活动,从而锻炼他们的策划能力和组织能力。通过这种自主参与的方式,学生不仅能够提升自身的综合素质,还能在团队合作中培养出良好的沟通能力和领导才能。

（二）社团与课程的互动

学生社团与学科课程的相互衔接是促进中华优秀传统文化融入校园文化建设的重要途径。通过社团与课程的双向交互作用的推进,学生不仅在课堂上学习理论知识,还能在课外通过实践活动加深对传统文化的理解。社团活动与学科课程(高中思政课)的协同建设,是实现这一目标的有效方式。通过设定共同的主题和目标,社团活动可以与高中思政课形成学习互补,增强学生对中华优秀传统文化的理解与认同。例如社团可以围绕高中思政课所提到的"文化因交流而多彩"这一主题,组织多元文化开展交流,使学生在参与过程中深化对所学内容的感知与体会。

社团成员参与高中思政校本课程开发,是推动课程内容多样化和实践性的有效策略。学生作为课程开发的参与者,可以从自身的视角出发,提出与传统文化相关的活动建议,丰富课程内容。例如对古法课堂的建设,高中学生需要增加古法课堂的知识性。这种参与不仅提高了课程的吸引力,也让学生在开发过程中提升了对中华优秀传统文化的兴趣和认同感。课程不再是单向的知识传递,而是成为学生与教师共同探索的过程,促进了高中思政课的创新与发展。

利用社团资源为高中思政课提供实践活动支持,是提升课堂学习生动性的重要手段。社团可以组织各种传统文化体验活动,如书法比赛、传统节日庆祝等,让学生在实际操作中感受传统文化的魅力。这些活动不仅丰富了学生的课余生活,也为高中思政课提供生动的素材,使课堂教学更加贴近学生的生活实际,增强了课程的吸引力和感染力。

通过社团展示与高中思政课的结合,学生被鼓励在课堂外分享他们的学习成果,这种方式有效促进了知识的传播与交流。社团可以定期举办展示活动,如传统文化成果汇报会等,让学生有机会展示他们在社团活动和思政课中学到的知识。这不仅增强了学生的自信心,也为其他学生提供了学习的榜样,激发了更多学生对传统文化的兴趣。

（三）社团活动的组织与管理

在当代教育体系中,学生社团作为传统文化的学习群体,更加突出学生学习的自主性。为了将传统文化有效融入学科课程(高中思政课),社团活动的组织和指导显得尤为重要。社团活动项目成功直接关系到学生对文化的理解和认同。因此,科学合理地组织和引导社团活动,关注学生学科之外的学习生活,能够培养学生热爱探究的思维品质。

为了确保社团活动的系统性和连贯性,学生要制订社团的学期学习计划,确定活动主题、目标和时间安排。教师在社团活动中要引导、督促好学生完成既定的社团活动计划。例如根据高中生热爱歌曲的心理特征,围绕中华优秀传统文化,学生制定以一学期作为学习时长,围绕中华优秀传统文化的一首词而进行的歌曲创作。学生首先寻找感兴趣的宋词,教师可以给予一定的素材选取指导,学生在创作阶段可能会需要一定技术支持,教师可以在这个环节提供一定的资源整合支持或专业支持。在目标达成环节,学生要根据时间节点完成分步骤的任务,教师在这一过程中要发挥指导和督促作用。

在社团活动中,合理的职责分工是提升团队合作效率的关键。每位社团成员在活动中都应根据自身特长明确职责,这不仅能充分发挥个人优势,还能增强团队的整体协作能力。教师可以为学生提供分工部署的契机,从而锻炼学生的组织、协调和领导能力。社团分工由社长完成,教师传授社长分工的要点,便于社长科学分工,领导好本社团的组织活动。

第三节　社会支持与合作

一、多方社会资源赋能高中思政课建设

（一）教联体协同模式探索

"协同"两字把原本在不同领域的两个主体结合起来,同样可以将其用于社会组织与学校的共同育人中。"教联体是以中小学生健康快乐成长为目标、以学校为圆心、以区域为主体、以资源为纽带,促进家校社有效协同的一种工作方式。"[1]教联体成为协同育人具象化的表达方式。作为教育联合体,社会是支持层,学校是指导层,家庭是基础层,学生是核心层的"教联体图谱"(见图12)。

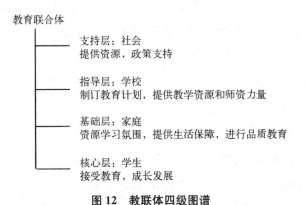

图 12　教联体四级图谱

在教联体中,学生、家庭、学校和社会四者之间的协同关系与中华优秀传统文化融入高中思政课的理念相结合,能够为学生的全面发展提供更为坚实的支撑,同时也有助于传承和弘扬中华优秀传统文化,培养具有深厚文

1　教育部等十七部门联合印发《家校社协同育人"教联体"工作方案》[EB/OL]（2024 - 11 - 01）[2025 - 03 - 31]. http://www. moe. gov. cn/jyb_xwfb/gzdt_gzdt/s5987/202411/t20241101_1160204. html.

化底蕴和高尚品德的新时代青年。

学生是教育的核心目标，也是中华优秀传统文化传承与发展的主体。在高中思政课中融入中华优秀传统文化，不仅是知识的传授也是价值观的培塑。学生通过学习传统文化中的道德观念、哲学思想和社会理念，能够更好地理解中华民族的精神内涵，增强文化自信和民族自豪感。这种文化自信将激励学生在学习和生活中践行传统美德，成为中华优秀传统文化的传承者和弘扬者。

家庭是学生接触中华优秀传统文化的起点，也是文化传承的重要场所。在协同育人理念下，家庭应承担起文化启蒙的责任，通过日常生活中的言传身教，将传统文化中的价值观和道德观念传递给学生。家庭文化教育为学生在学校学习思政课时提供情感基础和认知背景，有助于学生更好地理解和接受传统文化与现代思政教育的融合。

学校是中华优秀传统文化教育的主阵地，在高中思政课中融入传统文化是学校教育的重要任务。学校通过系统的课程设计和教学活动，将传统文化与思政教育有机结合，使学生在掌握现代知识的同时，深入了解传统文化的精髓。

社会为学生提供了丰富的文化实践机会，是中华优秀传统文化融入高中思政课的广阔平台。社会可以通过各种文化活动、博物馆展览、社区讲座等形式，为学生创造接触和体验传统文化的环境。同时，社会还可以通过文化产业发展，如影视、动漫、游戏等，将传统文化元素融入其中，以更生动、更现代的方式呈现给学生。此外，社会还可以鼓励学生参与传统文化的保护和传承工作，如非物质文化遗产的传承、历史建筑的保护等，让学生在实践中感受传统文化的价值和意义。

在协同育人理念下，家庭、学校和社会三者之间的紧密合作对于中华优秀传统文化融入高中思政课至关重要。家庭为学校教育提供情感支持和文化基础，学校为家庭教育提供了专业的指导和系统的教育内容，社会为家庭和学校提供了丰富的资源和实践平台。通过这种协同合作，可以形成强大的教育合力，使学生在家庭的关爱、学校的培养和社会的支持下，全面深入地学习和理解中华优秀传统文化,将其内化为自己的价值观和行为准则。

(二) 社会资源共享平台

社会资源给学校的传统文化提供了丰富的教育素材,共享平台的建立无论对传统文化教育,还是传统文化融入高中思政课都具有支持作用。通过建立线上资源共享平台,可以集中展示与传统文化相关的教学资源、文献和多媒体资料。这种集中化的资源展示不仅为教师提供了丰富的教学素材,也为学生的自主学习创造了良好的条件。教师和学生能够随时访问和使用这些资源。

为了确保资源共享平台的内容保持时效性与丰富性,设立定期更新的传统文化学习资源推荐机制是必要的。通过这一机制,平台能够不断引入最新的研究成果和教学资源,满足教师和学生对新知识的渴求。定期更新不仅能够吸引更多的教师和学生参与使用,还能激发他们对中华优秀传统文化的持续兴趣和探索热情。

组织线上讨论与交流活动也是资源共享平台的重要功能。通过邀请专家和学者分享他们在传统文化教育中的经验与见解,教师们能够在这些交流中获得新的教学灵感和方法。这种互动不仅能增强教师的专业发展,也能提升教师的合作意识。

推动校外文化机构与学校合作是资源共享平台发展的重要方面。通过整合社会资源,平台的内容与形式可以得到极大丰富。校外文化机构拥有丰富的传统文化资源和实践经验,其与学校合作能够为资源共享平台注入新的活力。例如之前的"灶文化",就是学校与崇明向化镇灶画馆的合作。这种合作不仅提升了传统文化教育的广度与深度,也为教师和学生提供了更为多样化的学习体验。

(三) 合作项目评价

在中华优秀传统文化融入高中思政课的过程中,合作项目评价是确保项目有效性和可持续发展的关键环节。

1. 建立项目评价指标体系

评价的首要任务是建立项目评价指标体系,明确项目实施的目标、内容和预期成果。通过这种体系化的设计,可以在项目实施过程中保持系统性和科学性,确保每个环节都能够被有效监控和评估。此外,项目评价指标体系的建立还能够为后续的项目改进提供明确的方向,使项目在不断反馈和调整中实现优化。

2. 定期收集参与教师和学生的反馈

定期收集参与教师和学生的反馈是评价工作的重要组成部分。这一过程不仅可以帮助评价项目的满意度和实际效果,还能为项目的未来发展提供宝贵的第一手资料。通过分析教师和学生的反馈,项目团队能够识别出项目实施中的优势和不足之处,从而在后续的项目设计和实施中进行有针对性的调整和改进。这种反馈机制的建立,不仅提升了项目的透明度和参与度,也为项目的持续改进奠定了基础。

3. 观察与记录项目实施过程中的细节

观察与记录项目实施过程中的细节是评价教师在传统文化中融入思政课的教学方法和实践效果的重要手段。通过对教学过程的深入观察,评价可以为教师提供具体的改进建议。这样的评价方式能够促进教学质量的提升,使教师在传统文化的教学中更加游刃有余,也为学生提供更为丰富和深刻的学习体验。

4. 组织项目成果的展示活动

项目成果的展示活动是评价过程中的一个亮点。通过邀请专家和社会组织参与评价,项目团队能够获得来自外部的多元化评价。这种多角度的评价不仅能够为项目效果提供更为全面的视角,还能通过专家的反馈和建议进一步推动项目的改进和完善。展示活动也为项目提供宣传的平台,能够吸引更多社会资源和力量的参与,为项目的持续发展提供支持。

二、企业文化资源对高中思政课的贡献

(一) 企业文化案例分享

企业文化作为现代社会的重要组成部分,其影响力不仅仅局限于企业内部,还能够对教育领域产生积极的推动作用。通过分享企业文化案例,可

以更直观地展示企业在传承和发扬中华优秀传统文化方面的实践成果。这些案例不仅为学生提供了生动的学习素材,还能够帮助他们更好地理解理论知识与实际应用之间的联系。在某些企业中,中华优秀传统文化的精髓被融入企业的价值观和行为准则中,这为高中思政课内容的补充和丰富提供了重要资源。通过这些企业文化案例,学生能够更深入地认识到传统文化在现代社会中的重要性,并进一步推动他们对中华优秀传统文化的理解与认同。

在企业文化中,传统价值观的体现为高中思政课的内容注入了新的活力。企业将中华优秀传统文化中的诚信、责任感等核心价值观融入企业文化,学生在学习思政课时,更加感受到这些传统价值观的现实意义。这种文化的补充和丰富,不仅仅是对理论知识的传递,更是对学生价值观的潜移默化的影响。运用企业文化中的传统价值观,学生可以更好地将高中思政课中所学的理论知识与实际生活联系起来,从而在潜移默化中加深对中华优秀传统文化的认同感。学校利用学生学农的契机,与学农基地沟通,提供学生更多学习古法种植技艺的机会。学校利用学生书院行的契机,与书院企业进行联系,了解更多古代藏书的设施和设备。

企业文化活动为学生提供参与实践的宝贵机会,这对于增强学生对中华优秀传统文化的实际体验和应用能力具有重要意义。通过参与企业组织的文化活动,学生能够在真实的社会环境中感受到中华优秀传统文化的魅力,并将这种体验转化为自身的文化素养和实践能力[1]。例如企业可以组织中华优秀传统文化主题的团队建设活动,例如学农基地提供的板糕制作、中草药古法嫁接技术,让学生在团队合作中体会到中华优秀传统文化的精髓和价值。这种实践活动不仅能够激发学生的学习兴趣,还能够提高他们的文化认同感和社会责任感。

企业同样肩负着传播传统文化的社会责任,企业能够有效促进中学思政教育与社会实践的结合。企业通过自身的文化建设和活动开展,将传统文化的理念和精神传递给学生和社会公众,这对于思政课的教学具有积极

1　刘芳丽.中华优秀传统文化融入高校思政课的多维阐释[J].高校辅导员,2023(6):44-48.

的推动作用。企业在传统文化传播中,不仅是对自身文化的宣传,也为社会主流文化氛围的营造起到引导作用。通过企业的文化传播活动,学生能够更好地理解和认同中华优秀传统文化,从而在高中思政课的学习中更加积极主动。

(二)企业资源的教育转化

企业资源的教育转化是将企业文化中的丰富资源与高中思政课教学内容有机结合的一种创新方式。企业对高中学生而言是打破学校、家庭两维空间,提供全新的学习领域。企业在长期发展过程中也积累了文化资源,不仅具有经济价值,还蕴含着深厚的传统价值观。这些价值观通过教育转化,可以帮助学生在高中阶段思政课中,更好地理解和认同中华优秀传统文化的核心理念,提供宽阔的认知空间。企业文化中的诚信、责任、创新等理念,与中华优秀传统文化中的核心思想高度契合,通过将这些理念引入高中思政课,能够有效增强学生对传统文化的认同力和理解力。

企业文化的传统价值观可以帮助学生理解和认同中华优秀传统文化的核心理念。企业可以通过案例分析的方式,将自身发展中体现的传统价值观融入课堂教学。例如,通过分析企业在市场竞争中如何坚持诚信经营、在社会责任中如何践行仁爱之道,学生可以在具体的企业实践中感受到传统文化的实际应用。此外,企业还可以邀请学生参观企业文化展厅,亲身感受企业如何将传统价值观融入日常运营中,这种沉浸式的学习体验能够加深学生对传统文化的理解和认同。

通过企业文化活动,促进学生的实践参与,提升其对中华优秀传统文化的实际体验和应用能力。这种实践活动包括企业开放日、文化主题工作坊、学生实习项目等,通过这些活动,学生不仅可以亲身参与企业的文化建设,还可以在实践中体验企业如何将传统价值观融入企业运营中。这种实践参与不仅能提升学生的动手能力和实践能力,还能增强他们对传统文化的应用能力,使他们在实践中领悟到传统文化的价值和魅力。

(三)校企合作的创新形式

校企合作的创新形式在中华优秀传统文化融入高中思政课中扮演着重

要角色。通过校企联合开发传统文化课程,可以将企业文化特色与思政教育目标相结合,提升课程的实用力和吸引力。这种合作既丰富了课程内容,也使传统文化教育更加贴近实际应用,增强了学生的学习兴趣度和参与度。企业文化资源为课程设计提供了丰富的素材,使学生在学习过程中能够更好地理解和感受到传统文化的魅力。

通过企业实习和社会实践项目,学生有机会在真实的工作环境中体验中华优秀传统文化的应用。这种实践教学方式不仅提高了学生的实践能力,也增进了学生对传统文化在现代社会中应用的理解。企业为学生提供的实习机会能够让他们在实践中将所学知识与实际工作相结合,提升解决实际问题的能力,同时也为企业注入了新鲜的文化理念和思维方式。

校企合作文化传播平台的建立,是扩大传统文化教育影响力的重要举措。利用企业的文化资源和网络,可以实现传统文化教育的广泛覆盖。通过这种平台,传统文化的价值和理念能够更好地传播到更广泛的受众群体中。此外,企业的参与也为传统文化教育提供了新的视角和动力,使得教育的传播形式更加多样化和现代化,增强传统文化在年青一代中的吸引力。

三、社区文化活动与思政课的联动

(一) 社区资源整合

1. 整合社区内的传统文化资源

社区资源是传统文化融入的近区资源,具有一定的区域代表性。通过整合社区内的传统文化资源,如民间艺术团体和文化协会,为高中思政课提供丰富的实践素材和活动支持,能够有效增强学生的学习体验。这些资源不仅是文化的载体,也是学生接触真实世界的重要桥梁。通过与这些团体的合作,学校可以为学生提供更具实效性的教育内容,使学生在参与中感受传统文化的魅力与价值。

2. 与社区文化机构的合作

与社区文化机构的合作是实现资源整合的关键路径。通过开展中华优秀传统文化主题的讲座和工作坊,学校可以增强学生对传统文化的理解和参与感。这些活动不仅丰富了课堂内容，还激发了学生的学习兴趣，使他们能够在实际操作中掌握知识。此外，讲座和工作坊可以邀请社区内的文化专家和传承人参与，提供专业的指导和独特的视角，让学生在与文化传承者的互动中获得更深刻的学习体验。

3. 建立社区志愿者团队

建立社区志愿者团队是推动学生参与社区传统文化活动的有效方式。通过鼓励学生参与社区的传统文化活动，他们不仅能够提升社会责任感，还能在实践中提高自身的能力。这种实践性学习方式能够帮助学生将理论知识应用于实际，增强他们的社会实践能力。这种参与式的学习方式能够让学生在真实的社会情境中感受传统文化的价值，培养其对社会的责任感和对文化的认同感。

4. 组织传统节日庆祝活动

利用社区资源组织传统节日庆祝活动，可以增强学生的文化认同感和归属感。通过参与这些活动，学生能够亲身体验传统文化的魅力，感受节日的氛围，理解其背后的文化内涵。这不仅是对传统文化的传承，也是对学生文化认同感的培养。在这些活动中，学生可以通过亲身参与，感受到传统文化的活力与生命力，从而增强对自身文化的自豪感和归属感。

5. 推动社区与学校的互动

推动社区与学校的互动，定期交流传统文化教育的经验和成果是促进两者共同发展与资源共享的重要途径。通过这种互动，学校和社区可以相互借鉴，分享成功经验，共同探讨解决问题的方法。这种合作能够提升传统文化教育的质量，还能实现资源的最大化利用，推动学校和社区的共同发展。在这种合作中，学校和社区可以形成合力，共同为学生提供更好的教育服务，促进学生的全面发展。

（二）社区文化活动设计

社区文化活动为传统文化融入课堂起到关键的桥梁作用。通过精心设计的文化活动，学生在实践中体验传统文化的魅力，还在互动中加深了对文化的理解。设计传统文化主题的互动体验活动，如传统手工艺制作，不仅能增强学生的实践参与感,更让他们在动手中领悟传统文化的精髓。这种动手实践的方式,不仅能激发学生的学习兴趣,还能让他们在亲身体验中感受到文化的深厚底蕴和无穷魅力。

为了进一步激发学生对中华优秀传统文化的兴趣,组织传统文化知识竞赛成为一种有效的方式。在竞赛中,学生需要运用所学知识进行思考和答题,这不仅考验学生的知识储备,也在竞争中促进其对文化的深入探索。通过这种形式,学生在竞赛中获得成就感,还能在与同学的互动中学习到更多的知识,对学生立德铸魂起到教化作用。

社区文化设计离不开"人民性""生活的烟火气"。传统节日活动是居民群体和学生群体都乐于参加的活动。通过参与这些活动,学生可以在真实的情境中体验文化风俗,增强文化认同感。例如,在春节、端午节等传统节日中,组织学生写春联、大扫除、包粽子,让他们在实际参与中感受节日的氛围和文化内涵。这种体验式学习,丰富学生的课余生活,也让学生实现以文铸魂的目的。

举办传统文化艺术表演,如传统乐器演奏、中国传统舞蹈的演绎等,不仅能提升学生的文化参与感,也能增强学生的艺术鉴赏能力。在这些活动中,学生可以近距离接触到优秀的传统文化艺术作品,从而在欣赏中提升自身的文化素养和审美能力。这些表演活动不仅是对传统文化的展示,也是对学生艺术素养的培养,让他们在欣赏艺术的过程中感受到中华文化的博大精深。

四、社会媒体对传统文化思政课的宣传

(一) 媒体宣传策略

在当代信息化社会中,媒体宣传策略对于中华优秀传统文化融入学生头脑具有关键作用。通过精心策划的宣传策略,媒体能够有效地激发学生对传统文化的兴趣,贴近学生热学的核心之地。

1. 发布短视频和图文内容

利用社交媒体平台发布与传统文化相关的短视频和图文内容,不仅能

够吸引学生的关注,还能通过互动评论等功能促进文化交流。这种策略通过视觉和文字的双重刺激,促使学生获得传统文化正能量,提升文化传播的吸引力和影响力。

2. 直播线上活动

通过开展传统文化主题的活动直播,能够在实时互动中提升学生的参与感。这种实时性和互动性不仅能够扩大传统文化教育的影响力,还能激发学生的学习兴趣和热情。在直播过程中,学生可以通过弹幕、评论等形式参与讨论,提出疑问,分享感受,从而形成一种良性的互动反馈机制,助力深化学生对传统文化的理解和认知。

3. 制作并发布系列文章

制作并发布传统文化知识普及系列文章是媒体宣传的重要手段。借助校园网站和电子邮件列表定期推送这些文章,不仅可以增强师生对中华优秀传统文化的认知与理解,还能为他们提供系统化的文化知识。这种策略通过文字的深度解读和系统阐释,使得传统文化的传播更加深入和持久。通过这种方式,师生能够在日常学习和工作中逐渐积累对传统文化的认知,形成一种文化认同感。

4. 运用校园广播系统

通过定期播报与传统文化相关的故事和知识,能够在校园内营造浓厚的文化氛围。这种策略不仅能够增强师生对传统文化的日常关注,还能在潜移默化中提升其文化素养。广播内容的选择和编排应注重趣味性和知识性相结合,以便在轻松愉悦的氛围中传播传统文化知识,使师生在日常生活中自然而然地接触和了解传统文化。

5. 组织社交媒体挑战赛

通过鼓励学生创作和展示对传统文化的理解,能够激发其学习热情并扩大传统文化的传播范围。这种策略通过创意内容的展示,赋予学生更多的表达自由和空间,使得传统文化的传播不再局限于课堂教学,而是延伸到更广泛的社交平台。这种互动性和参与性强的活动形式,不仅能够增强学生的文化认同感,还能在年轻群体中形成一种积极的文化传播风尚。

（二）传统文化内容创作

在中华优秀传统文化融入过程中,传统文化内容创作扮演着至关重要的角色。传统文化内容创作不仅是对古老文化的传承,更是对其在现代教育中的创新应用。这一过程需要深刻理解传统文化的内涵,并通过创造性的方法将其呈现给学生。创作过程中的主题多样性是关键,通过涉及诗词、书法、民俗等多种形式,不仅可以激发学生的兴趣,还能促进他们的积极参与性。通过这种多样化的呈现方式,学生能够在丰富的文化氛围中感受到传统文化的魅力,从而增强对其认同感与归属感。

结合现代科技的力量,传统文化内容的创作可以更加生动和富有吸引力。利用多媒体手段,如动画、视频等形式,可以将传统文化内容以更直观和互动的方式展现给学生。这种多感官的学习体验不仅提升了学习的趣味性,还能够加深学生对内容的理解和记忆。通过现代科技的介入,传统文化不再是静态的文字或图像,而是变成了一个充满活力的学习对象,使学生在学习过程中能够更好地与传统文化进行对话和互动。

鼓励学生通过写作、绘画等方式表达对传统文化的理解和感悟。这不仅有助于培养学生的创造力和实践能力,还能让他们在创作过程中加深对中华优秀传统文化的认识。学生的参与可以为传统文化注入新的活力,使其在现代教育中焕发出新的生命力。同时,学生在创作过程中所获得的成就感和自信心,也是他们成长过程中的重要收获。

在创作过程中,传统文化与当代社会热点的融合是另一个值得关注的方向。通过创作具有现实意义的内容,可以引导学生思考传统文化在现代生活中的应用。这种思考不仅能够提升学生的批判性思维能力,还可以帮助他们建立起对传统文化的现代价值的认知。通过这样的内容创作,学生能够更加清晰地认识到传统文化在当代社会中的地位和作用,从而更加积极地参与到传统文化的学习和传播中。

后　记

墨痕心迹：深度学习的思政探索

德国哲学家雅斯贝尔斯在《什么是教育》中说过："教育的本质是用一个灵魂唤醒另一个灵魂。"当最后一行文字在键盘上落下，我仿佛听见墨痕在纸页间流淌的声音。这声音里有十年饮冰的清冷，有孤灯夜雨的沉吟，更有星斗满天的豁然。此刻才明白，所谓"文章本天成，妙手偶得之"不过是岁月沉淀后的云淡风轻。

回想一路走来，我始终梦想成为一名深度学习型教师。2015 年，我完成了华东师范大学教育硕士的攻读，主修思想政治专业。在华东师大的求学岁月里，李春生老师、尹城乡老师等一众思想政治专业的教师，以他们深厚的学术造诣和人格魅力，为我点亮了学术的灯塔。2023 年，我开启了同济大学马克思主义学院博士生的攻读，主修马克思主义理论。李振老师说："我们生活在一个各种文化现象、文化观念相互混杂而嘈杂的时代。为此，我们必须坚持马克思主义与中华优秀传统文化相结合，充分发挥马克思主义和中华优秀传统文化的价值引领作用，做一个能够透视时代精神、有思想深度的优秀的思政课老师。"李老师的话语让我的职业理想更为坚定，我要从"知识的搬运工"成长为"思想的播种者"。

"随风潜入夜，润物细无声。"在教育的征程中，我有幸遇到多位良师，他们的关爱与指导如同明灯，照亮我前行的道路。方培君老师常说："要成为一位有准备的优秀思政教师。"2021—2022 年，我参加了上海市思政骨干教师培训班；2023 年，我加入了上海市德育实训基地；2024 年，我参加了静安区秦红德育与思政工作室，同年我参加了许晓芳思政高峰团队。我的导师

200

周增为老师常说:"思政教师不仅要成为道德行为规范的示范者,更要成为理想信念的守正者。"我学会了如何将《共产党宣言》的传播史融入课堂,让学生在历史的脉络中理解信仰的力量。导师陈明青老师则以"深挖教材、深研学生"的治学态度,教会我如何引导学生在思政课中实现自我认知与自我超越。秦红老师为了让我围绕"大思政课"主题的发言更加精彩,深夜还在帮我修改课件,精算时间,她的敬业与严谨一直鞭策着我能够超越自己。她常说:"思政课的深度,不在语言的华丽,而在思想的穿透力。"在高峰团队,如师如友的许晓芳院长始终引领我学习学科前沿先进的教学理念与方法,始终给予我最大限度的支持与帮助。在思政骨干班,班主任俞慧文老师经常鼓励我说:"你一定能够成为更好的自己。"这句话成为我面对教学瓶颈时的精神支柱。

汪国真在《家是什么》中写道:"家是永远的岸。"家庭是我坚实的后盾,给予我无尽的温暖与支持。丈夫在我加班时默默整理资料、接管家务,为我营造安静的创作环境;孩子用稚嫩的画作和温暖的拥抱为我加油,让我在疲惫时感受到无尽的动力;父母总是一路陪伴,鼓励我再接再厉,为我做好后勤保障工作。这些看似平凡的点滴,汇聚成爱的海洋,让我在教育的道路上勇往直前。

"谁说站在光里的才算英雄?"(唐恬《孤勇者》)教育是一场漫长的跋涉,我愿继续做那掌舵的人,以文化为帆,以价值为桨,运载着学生们驶向那片古老又年轻的文明海洋。我将此书献给所有在三尺讲台上传递文化温度的思政人,献给那些在历史长河中留下思想火种的先贤,更献给未来的某一天——当有学生因我的课堂而读懂"天下为公"的胸襟,因我的文字而坚定"修身齐家"的信念,那么,所有的孤灯夜雨都将成为珍贵的滋养,我将继续前行!

杨汤颖

2025 年春于上海

图书在版编目(CIP)数据

文化融合与价值引领：高中思政课的新路径研究 /
杨汤颖著. -- 上海：文汇出版社，2025. 5. -- ISBN
978-7-5496-4525-1

Ⅰ. G633.202

中国国家版本馆 CIP 数据核字第 2025YH3788 号

"新师说"书系

文化融合与价值引领
——高中思政课的新路径研究

作　　者 / 杨汤颖

责任编辑 / 张　涛

封面装帧 / 梁业礼

出 版 人 / 周伯军

出版发行 / 文匯出版社

上海市威海路 755 号 （邮政编码：200041）

经　　销 / 全国新华书店

排　　版 / 南京展望文化发展有限公司

印刷装订 / 上海新文印刷厂有限公司

版　　次 / 2025 年 5 月第 1 版

印　　次 / 2025 年 5 月第 1 次印刷

开　　本 / 720mm×1000mm　1/16

字　　数 / 200 千字

印　　张 / 13.25

ISBN 978-7-5496-4525-1

定　　价 / 68.00 元